Im Gedenken an die Opfer der Todesmärsche

Das Foto auf der Titelseite zeigt einen Ausschnitt der Skulptur des Künstlers Hubertus von Pilgrim zum Gedenken an die Häftlingsmärsche durch das Würmtal. Von diesen Bronzeskulpturen sind insgesamt 22 in verschiedenen Gemeinden aufgestellt.

(Foto Karl-Heinz Zenker)

Die Opfer der Todesmärsche im Landkreis Freising im Frühjahr/Sommer 1945

©Karl-Heinz Zenker

Die Opfer der Todesmärsche im Landkreis Freising im Frühjahr/Sommer 1945

Herstellung und Verlag: BoD – Books on Demand, Norderstedt

ISBN: 9 783750431515

Cover: Benno Zenker

Inhaltsverzeichnis:

1. Vorwort:

Vor 75 Jahren ging mit dem 2. Weltkrieg die größte Katastrophe des letzten Jahrhunderts zu Ende. Der 2. Weltkrieg brachte unwahrscheinliches Leid fast über die gesamte Erde. Gleichzeitig ging der größte Völkermord aller Zeiten zu Ende, der im KZ Dachau 1933, ganz in unserer Nähe, seinen Anfang nahm. Dieser Völkermord fand sein trauriges Ende in den unzähligen, häufig unbekannten und in Vergessenheit geratenen Todesmärschen, die auch durch den Landkreis Freising im April 1945 zogen und eine Spur des Todes hinterließen. Viele dieser Todesmärsche haben ihr Ziel, das KZ Dachau, nicht erreicht. Die Häftlinge wurden während des Marsches von den Amerikanern befreit. Doch verstarben auf Grund der Strapazen der KZ-Haft und der Märsche noch viele der ehemaligen Häftlinge im Hospital 1004 auf dem Domberg, vereinzelt starben sie auch in den Gemeinden.

Ich will dazu ein schlichtes Buch herausgeben, das keinerlei Anspruch auf Vollständigkeit erhebt und auch keine wissenschaftliche Abhandlung darstellt. Ich freue mich über Ergänzungen, weitere Fakten und ggf. Richtigstellungen. Das Buch soll die recherchierten Fakten zusammenfassen und die schrecklichen Ereignisse des Frühjahrs 1945 in Erinnerung rufen. Weiterhin soll ein Beitrag geleistet werden, die Toten dieser grausamen Märsche nicht in Vergessenheit geraten zu lassen. Denn sie wurden zunächst nur verscharrt – namenlos und fern der Heimat. Nach in der Regel zwei Umbettungen fanden sie ihre letzte Ruhestätte überwiegend in der KZ-Gedenkstätte Flossenbürg.

Dabei waren meine Hauptquellen die Einmarschberichte der Pfarrer der Erzdiözese München-Freising aus dem Jahr 1945, veranlasst vom damaligen Kardinal Faulhaber. Der Kardinal hatte alle Seelsorger seiner Diözese im Juni 1945 beauftragt, über die zurückliegenden Kriegsereignisse sowie Ablauf und Begleitumstände des Einmarsches der US-Armee in den einzelnen Seelsorgebezirken zu berichten. Kardinal Wetter veranlasste die rund 560 Berichte aus Anlass der 60. Wiederkehr des Kriegsendes vollständig zu veröffentlichen. Dazu erschienen zwei Bände mit knapp 1.500 Seiten, in denen immer wieder auch über die Todesmärsche berichtet wird. Da diese Berichte sehr zeitnah erfolgten, bilden sie eine wesentliche Grundlage dieses Buches. Dabei ist aber festzustellen, dass nicht in allen Berichten der Pfarrer von den Todesmärschen berichtet wird, obwohl diese nachweislich durch ihr Dorf führten. Im Text ist von den Einmarsch-berichten des jeweiligen Pfarrers mit Ortsangabe und der entsprechenden Seite des Buches die Rede.

Die Justizvollzugsanstalt Straubing stellte mir einen detaillierten Bericht über den Häftlingsmarsch vom 25. bis 29. April 1945 vom Zuchthaus Straubing mit dem Ziel KZ Dachau zur Verfügung.

Weitere Quellen waren die Sterbe- und Matrikelbücher der Städte, Gemeinden und Pfarreien.

Auch Zeitzeugenaussagen, damals meist jüngerer Kinder sowie Vernehmungsprotokolle aus der Nachkriegszeit standen mir zur Verfügung und schildern mitunter die Brutalität des Bewachungspersonals.

Zusätzlich konnte ich auf die Unterlagen der Stiftung KZ-Gedenkstätten in Bayern und der KZ-Gedenkstätten Buchenwald, Dachau, Flossenbürg und Hersbruck zurückgreifen.

Auskünfte zu Einzelpersonen stammen in der Regel von der ITS (International Tracing Service) Bad Arolsen (www.its-arolsen.org) und sind mit der vorgeschriebenen Quellenangabe versehen. Im Online Archiv der ITS finden sich die Fragebogen aller Gemeinden im Landkreis Freising vom April 1947, die diese auf Grund einer schriftlichen Aufforderung des Landratsamtes Freising, Nr. 877/Do vom 26.3.47 mit dem Betr. „Nachforschungen über Evakuierungsmärsche aus den Konzentrationslagern" bis 8.4.47 auszufüllen hatten. Dazu finden sich im selben Archiv Meldungen der Gemeinden auf Formularen zu toten KZ-Häftlingen, die die Gemeinden im Sommer 1946 vorzulegen hatten.

Zusätzlich konnte ich zwei Prozessakten aus dem Staatsarchiv München zu Todesmärschen auswerten, die etliche Vernehmungsprotokolle zu den Todesmärschen enthielten.

Auch im Buch von Dr. Guido Hoyer, „Verfolgung und Widerstand in der NS-Zeit. Gedenkorte im Landkreis Freising", erschienen 2015, findet sich im Kapitel 4 ein Bild des Grabes von Todesmarschopfern und im Kapitel 9, die Suche geht weiter, finden sich Rechercheergebnisse zu den Todesmärschen.

Andere Quellen, wie etwa Tageszeitungen, standen mir nicht zur Verfügung, da das Tagblatt Freising zuletzt am 22. April 1945 erschien und auf Grund der gleichgeschalteten Presse im Dritten Reich bestimmt nicht über die Todesmärsche berichtet hätte. Ein Quellen- und Literaturverzeichnis findet sich am Ende des Buches.

Sofern im Text nichts anderes vermerkt, stammen die Fotos von mir selbst. Eine Übersicht der Abbildungen enthält Kapitel 10.

Danksagung:

Aus der Vielzahl der mich unterstützenden Personen möchte ich einige besonders hervorheben. Eine akribische Arbeit hat Frau Stein von der KZ-Gedenkstätte Buchenwald geleistet, die zu über 50 ehemaligen KZ-Häftlingen aus Buchenwald recherchierte und mir vorhandene Unterlagen der Gedenkstätte in Form von Karteikarten in Kopie zur Verfügung gestellt hat.

Die Namen dieser in der KZ-Gedenkstätte recherchierten Häftlinge stammen von einer Liste des Standesamtes Freising von Frau Bensch, die mir dazu noch die Meldezettel des Hospitals 1004 auf dem Domberg 27 als Grundlage für die Eintragung in das Sterbebuch aus ihrer Altablage heraussuchte. In dieser Akte waren auch noch einige Zeugenvernehmungen aus dem Jahr 1945 ff zu finden, die insofern von besonderer Bedeutung sind, da sie im zeitlichen Zusammenhang mit den Todesmärschen standen. Interessanterweise fanden sich in der Akte auch noch Unterlagen zum Bombenangriff vom 18. April 1945.

Ich danke der Stiftung KZ-Gedenkstätten Bayern für den Einblick in die Umbettungsunterlagen der französischen Delegation aus den Jahren 1955/58 und der Erlaubnis der Veröffentlichung der darin befindlichen Grabfotos. Mein Dank gilt dem ehemaligen Mitarbeiter Herrn Fritz, der mich tatkräftig unterstützte. Auch bei seinem Nachfolger Herrn März fand ich stets ein offenes Ohr.

Bei Frau Heike Müller von der ITS Bad Arolsen fand ich eine verständnisvolle Unterstützerin bei Personenrecherchen ehemaliger Häftlinge.

Darüber hinaus danke ich allen Standes- und Pfarrämtern dafür, dass sie mir Auskünfte oder Einblicke in die Sterbe- und Matrikelbücher gewährten.

Mein Dank gilt allen Zeitzeugen, die mir bereitwillig über die grausamen Geschehnisse während der Todesmärsche berichteten. Dabei habe ich ihrem Wunsch Rechnung getragen, sie nicht namentlich aufzuführen, wenn sie dies nicht wünschten.

Ich danke meinem langjährigem Schulfreund Günther Madsack, Oberstudiendirektor a. D. des Ludwig-Thoma-Gymnasiums Prien für die Durchsicht des Manuskripts. Die Gestaltung des Bucheinbandes hat mein Sohn Benno vorgenommen.

Hallbergmoos im Januar 2020

Karl-Heinz Zenker

2. Der geschichtliche Hintergrund der Todesmärsche

2.1.Wie kam es zu den Todesmärschen?

Mit dem nahenden Kriegsende versuchten die Nationalsozialisten, insbesondere der Reichsführer SS Himmler, die Gräuel in den KZ durch Todesmärsche zu verschleiern. Es begann mit den Transporten und Märschen aus dem KZ Auschwitz, um sich mit dem Vorrücken der Fronten in Ost und West auch auf die anderen großen KZ mit ihren unzähligen Nebenlagern zu erstrecken.

Abbildung 1: Die KZ und Routen der Todesmärsche 1945

Abbildung 1 zeigt die Konzentrationslager mit dem Frontverlauf zum 1. Januar 1945, die Routen der Todesmärsche, die teilweise auch mit dem Zug erfolgten, sowie den jeweiligen Monat der Befreiung des KZs.

Die Märsche durch den Landkreis Freising kamen im Wesentlichen aus den KZ Flossenbürg und Hersbruck, die zuvor bereits Häftlinge aus Buchenwald und Auschwitz aufzunehmen hatten. Aber auch aus dem KZ Buchenwald sind Todesmärsche durch unseren Landkreis erfolgt.

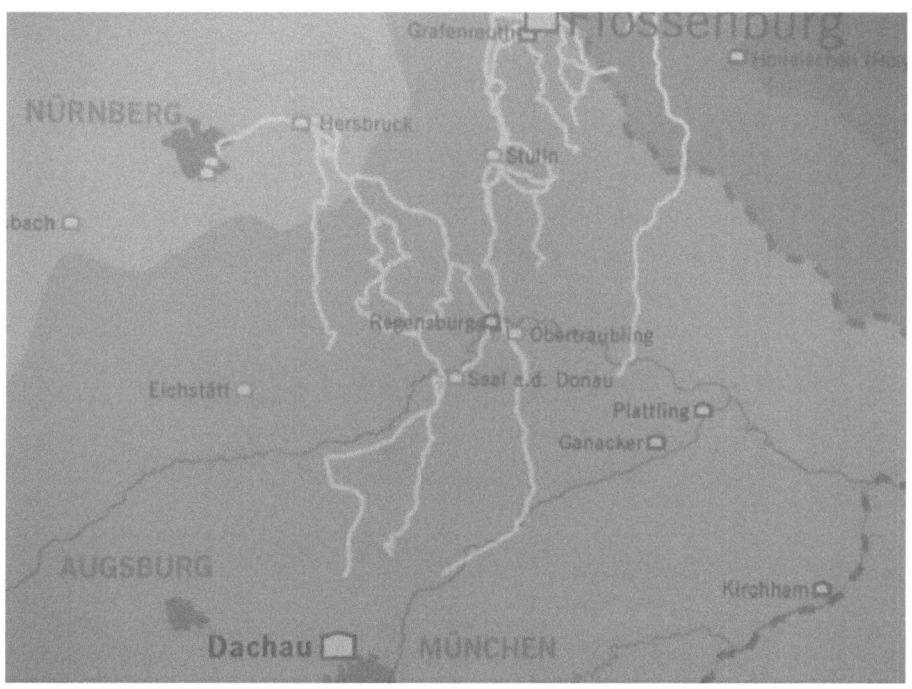

Abbildung 2: Momentaufnahme aus der KZ-Gedenkstätte Flossenbürg aus einem Film, in dem die näher rückende Front und die Todesmärsche Richtung Dachau dargestellt werden.

Die Abbildung zeigt in weißer Farbe einzelne Marschrouten der Todes-märsche aus Hersbruck und Flossenbürg. Dabei ist in grauer Farbe die vorrückende Front dargestellt und in blauer Farbe noch nicht besetztes Gebiet.

2.2. Die Todesmärsche aus den Konzentrationslagern Buchenwald, Hersbruck und Flossenbürg

Aus dem KZ Buchenwald wurden vom 7. bis 10. April 1945 ca. 28.000 und aus den Nebenlagern ca. 10.000 Häftlinge auf ungefähr 60 Routen Richtung Dachau, Flossenbürg und Theresienstadt in Marsch gesetzt. Im KZ Hersbruck befanden sich Anfang 1945 ca. 9.000 Häftlinge, im KZ Flossenbürg Anfang April 1945 fast 16.000 Häftlinge, davon ungefähr 7.000 zwischenzeitlich eingetroffene Häftlinge aus dem KZ Buchen-wald. Am 20. April wurden aus dem KZ Flossenbürg vier große Kolon-nen zu rund 4.000 Mann in Richtung Süden getrieben. Eine Route davon führte über Straubing und Landshut – vgl. den Bericht des Häftlingsmarsches von Straubing (Kapitel 3.3), der unter dem 24. April von einem Marsch aus Flossenbürg berichtet.

Aus dem KZ Hersbruck wurden am 7., 8., 9., 10., 12. und 13. April jeweils Konvois mit 600 Mann auf den 150 km langen Marsch nach Dachau geschickt. Davon erreichte nur die am 8. April in Marsch gesetzte Kolonne 17 Tage später das Konzentrationslager Dachau (Constanze Werner, S. 24). In den Unterlagen der KZ-Gedenkstätte Hersbruck ist davon die Rede, dass vier Kolonnen mit 2.013 Häftlingen bis 26. April das KZ Dachau erreichten. Ein Teilnehmer eines dieser Märsche war Stanislaw Gwizdka (Häftling Nr. 120 165), geboren am 27. März 1922 in Lodz, am 17. März 1943 verhaftet und schließlich ins KZ Auschwitz-Birkenau verbracht. Er wurde am 28. April 1945 in Apercha von den Amerikanern befreit.

2.3. Der Häftlingsmarsch aus dem Zuchthaus Straubing

Von den Todesmärschen ist der Häftlingsmarsch vom Zuchthaus Straubing mit dem Ziel KZ Dachau zu unterscheiden, der im Kapitel 3 eigens aufgeführt ist, zumal in diesem Fall die Marschroute fast vollständig bekannt ist. Das Bewachungspersonal bei diesem Häftlingsmarsch bestand nicht aus SS-Personal der Konzentrationslager, sondern aus ca. 100 Mann Justizvollzugspersonal einschließlich des damaligen Anstaltsleiters. Dabei kann davon ausgegangen werden, dass das Bewachungspersonal im Schnitt deutlich älter war als bei den Todesmärschen. Dieser Häftlingszug bestand neben Kriminellen aus politischen Häftlingen, wovon zwei Schicksale im Kapitel 6 nachgezeichnet sind. Dabei konnte in beiden Fällen mit Hilfe der ITS Bad Arolsen festgestellt werden, dass die politischen Häftlinge mit Näherrücken der Front 1944 aus linksrheinischen Gefängnissen über Kassel schließlich nach Straubing verlegt worden waren. Damit ähnelt dieses Muster dem der Todesmärsche der KZ-Häftlinge, die durch die Märsche den Alliierten nicht in die Hände fallen sollten. Dadurch wurde annähernd das gesamte Reichsgebiet mit den Todesmärschen überzogen.

2.4. Das Leiden während der Todesmärsche

Die Einmarschberichte der Pfarrer der Diözese München und Freising sind zwar wichtige Grundlagen dieses Buches, es bleibt aber festzuhalten, dass nicht alle Pfarrer über die Todesmärsche berichteten, obwohl durch ihre Gemeinde ein derartiger Marsch führte. Exemplarisch dazu dienen die Berichte aus Hallbergmoos und Zolling, in denen die Todesmärsche mit keinem Wort erwähnt werden.

Eintragungen in die Sterbe- und Matrikelbücher erfolgten nur sehr sporadisch und wenn in der Regel erst mit deutlichem Zeitverzug.

Immer wieder ist auch festzuhalten, dass der Volkssturm zur Bewachung mit herangezogen worden ist mit Beispielen von Freising und Neufahrn.

Ebenso wurden auch immer wieder ortsansässige Bauern gezwungen, mit ihren Fuhrwerken entweder tote Häftlinge zu transportieren, bis sie verscharrt wurden oder aber geschwächte Häftlinge bis ins nächste Dorf zu transportieren. Oftmals wurden dann einzelne Häftlinge wieder dem Transport zugeführt.

Für die Versorgung der Häftlinge während der Märsche führe ich beispielhaft einen Bericht des Häftlings Ljubisa Letic von der Homepage des KZ Hersbruck an. Er berichtet: „An einem Tag Anfang April mussten sich die Häftlinge auf dem Appellplatz aufstellen. Die SS-Aufseher ließen uns über die Dolmetscher wissen, dass das Lager Hersbruck geräumt werden müsse. Die Lagerinsassen sollten nach Dachau verlegt werden. Diejenigen, die nicht laufen konnten, sollten mit einem Güterzug nach Dachau abtransportiert werden, die Gesunden sich am nächsten Tag zu Fuß auf den Weg machen. Am nächsten Morgen marschierte eine lange Kolonne in Richtung Süden mit dem Ziel Dachau. Unterwegs gab es nichts zu essen. Jeder schaute, wie er zurechtkam. Wir aßen Gras und als Fleisch gab es glitschige Schnecken, die wir mit dem Löffel aus dem Schneckenhaus zogen und lebendig verschlangen. Sie schmeckten ekelhaft, aber wir mussten es tun, um einigermaßen bei Kräften zu bleiben. Gelegenheit an etwas Essbares zu kommen, hatten wir nur, wenn SS-Leute eine Rast einlegten. Sie hatten genügend Proviant, wir hatten nur Gras und Schnecken. Während einer Pause nahm ein Wächter aus seinem Rucksack eine Dose Vaseline zum Schmieren der Stiefel und warf sie weg. Ich schnappte die Dose und wischte sie mit den Fingern aus. Die SS-Leute lachten bloß darüber, mit welchem Appetit ich das

Schmiermittel aß. Der Fußmarsch verlangte von uns höchste Anstrengungen, die Strapazen waren enorm, viele in der Kolonne brachen einfach zusammen. Die SS-Leute schoben die Entkräfteten aus der Kolonne, erschossen sie auf der Stelle und die Kolonne zog weiter. Von Hersbruck marschierten wir drei volle Tage nach Schmidtmühlen. Hier trieben sie uns in eine riesige, leerstehende Scheune, in der viel Stroh und Heu lag. Um die Scheune herum befanden sich viele Gärten der Einheimischen, in denen schon einiges an Frühlingspflanzen angesät war. Die Masse hungriger Menschen hatte ziemlich schnell alles aus der Erde gerissen und aufgegessen. Die Gärten lagen wie leer gefegt da. Am nächsten Morgen kam eine Frau und wollte sich nach ihrem Garten umschauen. Aber da alles bloß noch nackte Erde war und als sie uns in unseren gestreiften Anzügen sah, drehte sie sich um und rannte davon. Einige Minuten später kam sie mit einem großen Eimer zurück, blieb hinter der Scheune stehen, um nicht von den SS-Leuten gesehen zu werden und winkte mich zu sich. Ich folgte ihrem Wink, sie nahm den Deckel vom Wassereimer ab und ich sah so viele klein geschnittene Brotscheiben im Eimer, dass ich es kaum glauben konnte. Ich stopfte mir einige Brotstücke in meine Kleidung. Das sahen auch andere Gefangene und kamen schnell dazu. Sie entrissen der Frau den Eimer mit den Broten und dabei entstand ein ziemliches Durcheinander. Zehn Gefangene kämpften um die Brotstücke. Die Frau beobachtete die Szene irritiert, drehte sich um und ging." Dieser Tatsachenbericht steht beispielhaft für viele derartige Szenen, die Zeitzeugen immer wieder erzählten. Sie schildern die Verzweiflung der Häftlinge und ihren Willen, alles was nur irgendwie essbar erschien zu verschlingen, um zu überleben. Ebenso wird immer wieder die Brutalität insbesondere der SS-Bewacher vor Augen geführt und das nur wenige Tage vor Kriegsende.

3. Routen und Schreckensbilanz der Todesmärsche durch den Landkreis Freising im April 1945

3.1. Die Todesmärsche aus den Konzentrationslagern im Landkreis

In diesem Kapitel werden die Routen der Todesmärsche geschildert. Ich gehe dabei auf die im Verlauf des Marsches durch den Landkreis Freising getöteten Häftlinge ein und führe die Quellen hierzu an. Dem Häftlingsmarsch des Zuchthauses Straubing ist das Kapitel 3.3 gewidmet, da dessen Route durch vielfache Quellen eindeutig nachgezeichnet werden kann. In Bezug auf den Landkreis Freising gehe ich von den heutigen Landkreisgrenzen aus, schließe aber Bruckberg ein, da es bis 1978 zum Landkreis gehörte. Als Quellen dienten die Einmarschberichte der Pfarrer der Diözese München-Freising, ergänzt um aktenkundige Berichte und Zeitzeugenaussagen zur Lage der Häftlinge. Dazu wurden die Angaben aus den Fragebogen der Gemeinden des Landkreises Freising vom Frühjahr 1947 aus dem Online Archiv der ITS Bad Arolsen ausgewertet. Im Archiv sind über 70 Gemeinden aufgelistet. In den Fragebogen mussten die Gemeinden zu Todesmärschen durch ihre Orte Meldung abgeben mit Datum, Anzahl und Stärke der Märsche sowie zu Toten und ggf. Zeugen. Dabei ist festzustellen, dass es manchmal mehrere Fragebogen aus den Gemeinden gab oder kein Fragebogen zu finden war.

Zum schnelleren Auffinden erfolgt die Aufstellung in alphabetischer Reihenfolge der Gemeinden des heutigen Landkreises Freising ergänzt um eine Zusammenfassung der Routen der Todesmärsche.

Aich:

Kein Fragebogen vorhanden.

Abens:

Das katholische Pfarramt Abens meldete am 6.3.46, „dass am 23.4.45 drei Häftlinge erschossen und in Löchern vergraben wurden. Am Abend desselben Tages wurden sie ausgegraben und im Friedhof beerdigt. Die Nummern sind von einem Dr. Gebhardt aufgeschrieben worden. Dieser befinde sich derzeit im Lager. Der weitere Schriftverkehr zur Ermittlung des Dr. Gebhardt führte zu keinem Ergebnis".

In einem Fragebogen der Gemeinde Attenkirchen vom 1.4.47 ist von einem Transport am 23.4. mit 800 Mann aus Au kommend die Rede, die nach Sünzhausen/Allershausen weitermarschierten. Dabei gab es in Abens drei Tote.

Allershausen:

Für Allershausen finden sich weder in der Ortschronik von 1992 noch in den Einmarschberichten Hinweise auf Todesmärsche, obwohl nach einer Meldung der KZ-Gedenkstätte Flossenbürg zwei Tote 1958 umgebettet worden sind. Im Sterbebuch der Gemeinde ist kein toter Häftling eingetragen.

Airischwand:

Die Gemeinde meldet am 1.4.47 Fehlanzeige.

Aiterbach:

In dem Fragebogen an das Landratsamt ist von einem Marsch am 23.4.45 mit ca. 250 Mann die Rede, bei der ein Toter zu verzeichnen war, der im Friedhof Aiterbach von „Kazettlern" beerdigt wurde. Der Marsch bewegte sich zu Fuß weiter in Richtung Dachau. Zuletzt ist die Rede davon, dass der Zug „von allen Gemeindebürgern gesehen wurde".

Anglberg:

In dem Fragebogen an das Landratsamt, eingegangen am 31.3.47, wurde Fehlanzeige gemeldet.

Appercha/Jarzt:

Pfarrer Johann Nepomuk Bauer aus Jarzt berichtet, dass am 24. April 1.800 ganz erschöpfte Häftlinge, unter Bewachung von SS-Männern mit Wolfshunden durch Appercha, Jarzt Fahrenzhausen nach Dachau geführt wurden. Dabei wurde ein 42 Jahre alter Pole, Vater von 4 Kindern von einem SS-Mann niedergestochen und erhielt einen Genickschuss, woran der Pole vier Tage später verstarb. Er wurde beerdigt und im Sterbebuch unter der Nummer 2/1945 eingetragen.

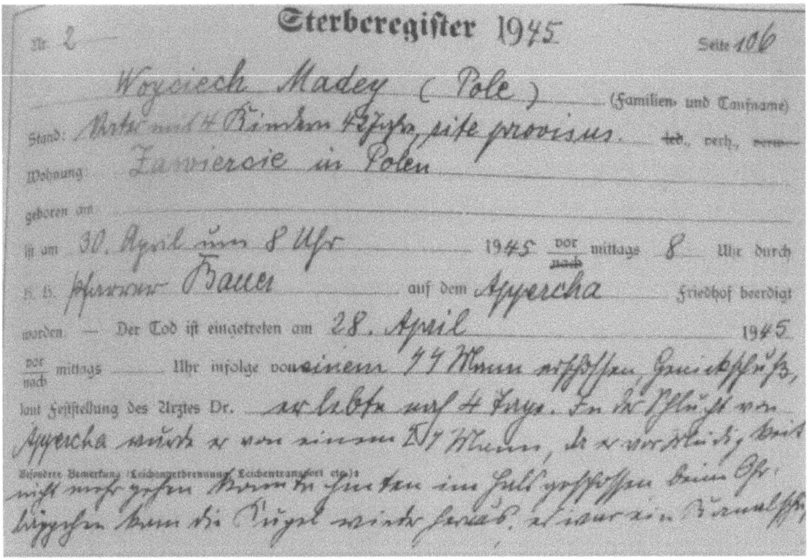
Sterberegister 1945

Nr. 2 Seite 106

Woyciech Madey (Pole) (Familien- und Taufname)

Stand: ... ledig, verh., verw.

Wohnung: Zawiercie in Polen

geboren am

ist am 30. April um 8 Uhr 1945 vor/nach mittags 8 Uhr durch

H. H. Pfarrer Bauer auf dem Appercha Friedhof beerdigt

worden. — Der Tod ist eingetreten am 28. April 1945

vor/nach mittags Uhr infolge von ...

laut Feststellung des Arztes Dr. ...

Besondere Bemerkung (Leichenverbrennung, Leichentransport etc.): ...

Abbildung 3: Sterbebucheintrag Nr. 2/1945: Woyciech, Madey gestorben am 28. April 1945, beerdigt am 30. April acht Uhr morgens

An den Tod kann sich auch ein damals zwölfjähriger Zeitzeuge erinnern, von dem die nachfolgenden Schilderungen stammen. Er berichtet von 2 bis 3 Märschen. Da er in der Schule war, hat er nur die Spuren von niedergetretenem Gras, herumliegendem Papier und geleerten Milchkannen im Straßengraben wahrgenommen. Zu Hause erfuhr er, dass es jede Menge Leute waren.

An eine Kolonne von ca. 300 Häftlingen, wie es hieß, erinnert er sich. Sie kam vermutlich am Donnerstag 26. April gegen 16 Uhr nach Appercha. Die Häftlinge wurden in einer Koppel beim Hof des damaligen Bürgermeisters Franz Schreiber bewacht und bettelten die umstehenden Kinder um Essbares an. Die Bewacher der Truppe – SS-Männer – waren indes eifrig bemüht, in der Wohnung der Familie Schreiber am Radio zu verfolgen, wie weit die Amerikaner schon vorgerückt sind. Die noch verbleibende Zeit wäre zu knapp gewesen, um die Häftlinge noch nach Dachau zu bringen, da sie ja alle schon sehr geschwächt waren. Daher war unter ihnen von Erschießen die Rede. Großmutter Schreiber, die am Herd hantierte, bekam das zu Ohren und berichtete dies ihrem Stiefsohn Franz. Dieser trat zusammen mit Fuhrunternehmer Steinberger aus der Nachbarschaft, der gerade anwesend war, hartnäckig in Verhandlung mit den verantwortlichen SS-Männern, um das Massaker zu verhindern. Führende SS-Männer machten sich daraufhin nachts aus dem Staub, um den Siegermächten nicht in die Hände zu fallen. Frau Stadlbauer erzählt, sie hörte von ihrem Großvater, dass sich einige SS-Soldaten, die bei ihm untergebracht waren, eine Landkarte erbaten und am nächsten Tag mit Zivilkleidern und Landkarte verschwunden waren. Der zwölfjährige Zeitzeuge erinnert sich an viele Bewacher, von Hunden wisse er allerdings nichts. Er könne sich noch gut daran erinnern, dass er zusammen mit einem auf dem Hof arbeitenden Polen in diesen Tagen eingemietete Rüben geholt hatte. Während sich der Pole mit den Häftlingen unterhielt, warfen sie ihnen etliche der Rüben zu.

Am Samstag, 28. April, wurde der Häftlingszug gegen 13 Uhr noch in Richtung Jarzt in Bewegung gesetzt, kurz darauf aber von den Amerikanern befreit. Die noch verbliebenen SS-Männer wurden gefangen genommen. Ca. 6-7 Häftlinge konnten sich vor dem Abmarsch in der Scheune verbergen, einer versteckte sich im Kartoffelkeller. Diese konnten nach der Befreiung noch einige Wochen beim Anwesen Schreiber bleiben und wurden von Magdalena Schreiber mit Essen versorgt, bis sie wieder zu Kräften kamen. Unter diesen war auch Stanislaw Gwizdka, der zusammen mit seinen Geschwistern Kazimierz und Antonia am 17. März 1943 von der Gestapo verhaftet wurde.

Abbildung 4: Das Foto zeigt rechts Stanislaw Gwizda zusammen mit seiner Schwester Antonia und seinem Bruder Kazimierz.

In dem Fragebogen aus Jarzt an das Landratsamt Freising vom 10.4.1947 ist von mehreren Transporten vom 23. bis 28.4.45 die Rede, die aus Hersbruck kamen. Drei der Transporte sollen je ca. 1.000

Mann umfasst haben und einer 490 Mann. Dabei ist ein Pole gestorben, der von Pfarrer Bauer auf dem Friedhof Appercha beerdigt wurde. Die Transporte seien weiter Richtung Dachau zu Fuß marschiert. Die 490 Mann blieben in der Gemeinde. Damit decken sich die Berichte des Zeitzeugen mit den Angaben aus dem Fragebogen vom April 1947.

Unter Appercha findet sich im ITS-Archiv folgender Häftlingsmarsch durch den Landkreis Freising:

22.4.: mit 2.600 Mann durch Au und Hirnkirchen

22.4.: mit 2.600 Mann durch Abens und Hemhausen

23.4.: mit 2.600 Mann durch Sünzhausen,Holzhausen und Wolfersdorf

23.4.: mit 2.500 Mann durch Palzing, Nörting, Appercha, Aiterbach und Allershausen

23.4.: mit 2.400 Mann durch Jarzt und Ampermoching

Dieser Marsch erreicht Dachau am 24.4.45.

Abbildung 5 zeigt einen Kurzbericht von Stanislaw Gwizda, den er Frau Schreiber, seiner Retterin widmete. Von ihm stammt auch ein umfassender Bericht über das KZ Auschwitz, der mir in Kopie vorliegt.

120165

Die Nummer 120165 - heisst : Stanisław Gwizdka
und ist am 26. März 1922 in Łódź geboren. Im Jahre 1939
war er ein Schüler des Städtische Gymnasiums in Łódź.
Während des Krieges war er Klempner und Dachdecker.
Am 17.März 1943 wurde er festgenommen und verhaftet im
Gafängnis der Sicherheitspolizei der SS in Łódź.
Im Juni 1943 wurde er ins Konzentrationslager Auschwitz -
- Birkenau geschickt. Im Oktober 1944 wurde er nach Gross-
Rosen verlegt und im Januar 1945 weiter, zum Strafkommando
des Konzentrationslagers Flossenburg - Hersbruck bei
Nürnberg. In der Mitte Aprill 1945 wurde er weiter ins
Konzentrationslager Dachau evakuiert.
Am 29.April 1945 wurde er 20 kM von Dachau, im Dorf Appercha
von den Allierten befreit.
Dort befindet er sich unter guter Fürsorge der Familie
Schreiber.
Später zieht er in Freising um.
Im August 1945 erkrankt sehr schwer an dem Pleutrittis
und wird im Städtlichen Krankenhaus behandelt.
Im Oktober 1945 kehrt er nach Vaterland zurück und beginnt
sofort die abgebrochene Lehre fortzusetzen, so wie auch
nimmt gleichzeitig die Arbeit auf, weil er keine Mittel

26

Abbildung 5: Bericht des Stanislaw Gwizda über seine Stationen vom
KZ Auschwitz, über Gross-Rosen zum KZ Flossenbürg-Hersbruck

22

Appersdorf:

In dem Fragebogen an das Landratsamt vom 30.3.47 ist für Mitte April ein Zug französischer Kriegsgefangener unbekannter Zahl angegeben, die aus westlicher Richtung kamen und Richtung Moosburg marschierten.

Attaching:

In dem Fragebogen vom 31.3.47 wird Fehlanzeige gemeldet.

Attenkirchen:

In dem Fragebogen an das Landratsamt Freising vom 1.4.1947 ist von Attenkirchen mit Berghaselbach und Wimpasing von je zwei Kriegsgefangenen- und KZ-Transporten mit jeweils mehreren hundert Mann die Rede. Die zwei Kriegsgefangenentransporte kamen aus Augsburg und zogen durch Wimpasing Richtung Moosburg. Die zwei KZ-Transporte zogen durch Berghaselbach Richtung Dachau. Dabei wurde ein KZ-Häftling erschossen und durch Pfarrer Hirschbeck beerdigt. Dieser Tote war durch die Gemeinde am 18.8.46 auf dem Meldeformular Kategorie II Form 4 als durch „Erschießen durch SS im April 45" gemeldet worden. In einem weiteren Bericht vom 1.4.47 ist von einem Transport von 800 Mann die Rede, die zu Fuß aus Nürnberg-Regensburg-Mainburg-Au kamen und weiter Richtung Sünzhausen-Allershausen nach Dachau marschierten. Dabei sind drei Häftlinge erschossen worden und von Pfarrer Bachmayer und Gemeindebürgern beerdigt worden. „Der Transport wurde von der gesamten Einwohnerschaft gesehen."

Au:

In dem Fragebogen an das Landratsamt Mainburg vom 9.4.47 ist von drei Transporten die Rede. Einer am 20.4.45 aus unbekannter Richtung, der nach Reichertshausen weiterzog. Zwei Transporte kamen am 21./22.4.45 aus Hersbruck und zogen Richtung Dachau weiter. Der Umfang betrug je 300 bis 400 Mann. Dabei gab es einen Toten, der durch den Leichenwärter Xaver Koller in Au beerdigt wurde.

Bruckberg:

In dem Fragebogen an das Landratsamt vom 1.4.47 ist von drei Transporten vom 24. bis 28.4.45 mit je ca. 1.500 Mann die Rede, die von Landshut kamen. Dabei gab es einen Toten, der am Friedhof St. Paul beerdigt wurde.

Eching:

In dem Fragebogen vom 8.4.47 wird Fehlanzeige gemeldet.

Pfarrer Franz Josef Roßberger berichtet, „dass am 29.4.45 um 2 Uhr 30 ein einzelner Panzerwagen der Amerikaner 250 Häftlinge aus dem Zuchthaus Straubing befreite, die auf der Straße Freising-München Richtung Dachau marschierten und sie bei Bauern unterbrachten."

Freising:

Stadtpfarrer Franz Xaver Ortmair aus der Pfarrei Freising St. Peter und Paul berichtet, dass am Vortag der Belagerung der Stadt Freising, also am 28. April, „ein Elendszug von Häftlingen aus den Konzentrationslagern, die von ihren Wächtern von Ort zu Ort geschleppt wurden, mit dem Ziel, irgendwo den Tod zu finden", eintraf. „Viele erlagen auf der Straße dem Hunger und (den) Strapazen, andere wurden von den Wachleuten und SS-Truppen erschossen. Im Friedhof

Neustift wurden davon am Tage nach der Übergabe der Stadt 15-20 solcher Ärmster, ohne ihre Namen festzustellen, in das Massengrab beerdigt; auch die folgenden Tage und Wochen beerdigten wir noch immer solche Opfer nazistischer Grausamkeit. Im Pfarramt wurden 3 KZ-ler, worunter ein Priester war, und die sich aus dem Elendszug dorthin flüchteten, gesund gepflegt und gerettet".

In einem Bericht vom Stadtrat Freising, Kriminal-Untersuchungs-abteilung vom 19. Dezember 1955 ist festgehalten, „dass ein Transport von KZ-Häftlingen aus Buchenwald mit der Bahn bis Landau an der Isar transportiert worden ist. Von dort marschierten die ca. 800 Häftlinge über Altdorf-Bruckberg-Inkofen und kamen am oder um den 27. April 1945 nach Freising, wo sie in Freising-Brandau in verschiedenen Feldscheunen und beim Landwirt Oskar Steinebach, Besitzer vom Kammermüllerhof, nächtigten. Nach dessen Angaben befanden sich unter den Führern des Transportes ein SS-Scharführer Ritzmann oder ähnlich und ein Luftwaffenunteroffizier namens Müller. Weitere Angaben zu den beiden und den anderen Wachmannschaften konnten nicht ermittelt werden. Erschießungen von diesem Transport durch die Wachmannschaften konnten nicht ermittelt werden. Drei Häftlinge verstarben auf Grund von Erschöpfung am Kammermüllerhof und wurden gegenüber des Hofes beerdigt". Die drei Todesfälle wurden im Sterbebuch der Stadt Freising unter den Nummern 425/45, 425a/45 und 426/45 mit Sterbedatum 29.4. und 2.5. mit zwei Toten einge-tragen. Am 19. Juni 1953 wurden die drei Toten durch eine französische Kommission ausgegraben und nach Überprüfung am 13. Oktober im Friedhof Neustift wieder bestattet. Der Transport soll dann in Richtung Ismaning weitergeführt worden sein. Darüber berichtet Pfarrer Dr. Benedikt Appel aus Ismaning, „dass nach der Befreiung durch die Amerikaner am 30. April die nächsten Tage mit Plün-derungen ausgefüllt waren, an denen sich unter anderen KZ-Häftlinge aus Buchenwald beteiligten, die in den letzten Tagen hier eingetroffen waren". Weiter schreibt er, dass „verschiedene KZ-Häftlinge nach ihrem Eintreffen dahier an Entkräftung verstorben sind und unter kirchlichen Ehren begraben wurden". Vierzig erkrankte Häftlinge blieben beim Kammermüllerhof zurück und wurden in das Kriegsgefangenenlazarett auf dem Domberg eingeliefert (vgl. Kapitel 3).

Von Oskar Steinebach Kammermüllerhof, Ismaningerstr. 79 liegt vom 19. Mai 1945 eine Aussage dazu vor, in der er angibt, dass am 28.4.45 ein Trupp mit ca. 150 KZ-Häftlingen dort angekommen ist und sich einquartiert hatte. Ca. 40 Kranke sind auf dem Anwesen zurückgeblieben. Davon ist ein Mann am gleichen Tag gestorben und am 2. Mai sind zwei Mann gestorben. Auf Anordnung eines amerikanischen Leutnants sind diese drei Leichen ca. 300 Meter entfernt in der Isarau begraben worden. Es waren dies ein Italiener, ein Belgier und ein Pole. Weitere Personalien sind nicht bekannt. Damit deckt sich dieser Bericht mit dem vom 19. Dezember 1955 und ist insbesondere zeitnah abgegeben worden.

Im selben Bericht ist von einem weiteren Transport von KZ-Häftlingen die Rede, der am 25. oder 26. April von Moosburg kommend durch Freising marschierte und die Stadt durch die Giggenhauserstraße Richtung Dachau verließ. Von diesem Transport wurden im Stadtbezirk Freising drei Häftlinge erschossen. Zwei davon lagen nach Angaben des ehemaligen Hilfspolizisten Oberprieler im Straßengraben neben der Bundesstraße 11 in unmittelbarer Nähe der Stadtgrenze. Ein weiterer Häftling wurde von einem Wachmann im Hofraum der General-von-Nagelstraße 19 erschossen, eingetragen im Sterbebuch der Stadt Freising unter der Nr. 452/45 mit dem Vermerk, Tod durch Erschießen. Alle drei Toten wurden im Friedhof Neustift beerdigt, Namen oder Häftlingsnummern sind unbekannt.

Zum erschossenen Häftling in der General-von Nagelstraße 19 liegt ein Bericht der Kriminalpolizei der Stadt Freising vom 3. Juni 1945 vor. Darin meldete der Hafner Franz Xaver Bauer, „dass im Hofe der Wirtschaft „Zur Rose" eine unbekannte Leiche liegt". Die weiteren

Ermittlungen erbrachten folgendes Ergebnis. In der Nacht vom 26. auf 27. April wurden eine große Menge politischer Häftlinge durch Freising transportiert. Gegen 1 Uhr kam dieser Trupp von der Landshuterstraße heran zur General-von-Nagelstraße. Bei der Straßeneinbiegung bei der Gastwirtschaft zur Rose staute sich dieser Trupp. Diese Gelegenheit wollten einige Häftlinge nutzen, um fliehen zu können. Ein Militärdoppelposten, der an dieser Stelle zur Kontrolle aufgestellt war, wurde davon in Kenntnis gesetzt und sucht nach diesen. Zwei meldeten sich gleich selbst wieder. Ein dritter Häftling wurde im Hofe der Wirtschaft von einem Posten angetroffen, der auf ihn schoss. Der Häftling war auf der Stelle tot.

Im Bericht vom 19. Dezember 1955 wurde weiter angeführt, dass ein Transport von ca. 300 Häftlingen unter SS-Bewachung, aus Moosburg kommend, am 28. April bei der Firma Schlüter eintraf. Nach Angaben des Oberingenieurs Hintze der Firma Schlüter wurden diese Häftlinge in einer Lagerhalle des Ausländerlagers untergebracht und verpflegt. Am 29. April gegen 3 Uhr morgens erfolgte mit allen der Firma Schlüter zur Verfügung stehenden Fahrzeugen der Weitertransport Richtung Dachau. Erschossene Häftlinge konnten nicht festgestellt werden ebenso die Namen der Bewacher.

Zu diesem Sachverhalt liegt eine Niederschrift des Standesamtes Freising vom 26. Juni 1951 vor. Darin gab der Schreiner Karl Kögelsberger auf Befragen folgendes zu Protokoll, „am letzten Sonntag im April 1945, an dem Tage, an dem amerikanische Truppen in Freising einrückten, sind im Gelände der Schlüterfabrik in Freising mehrere KZ-Insassen verstorben. Die Toten gehörten zu einem Transport, der am Vortag gegen 23 Uhr in Freising angekommen war. Mit einem Lastwagen sind die Leichen – ich kann nicht mehr erinnern, ob es 5 oder 6 waren – zum Friedhof Neustift gefahren worden."

Nach einem Bericht der ITS Bad Arolsen vom 22.5.50 (im Online-Archiv unter Eching 0097(84612593)) wurden am 9. April 1945 im KZ

Buchenwald 4.800 Häftlinge per Bahn Richtung Dachau in Marsch gesetzt. Die Strecke verlief über Eisenberg-Gera-Plauen-Eger-Weiden-Regensburg-Plattling bis nach Freising, wo der Zug am 18.4.45 mit 4.500 Häftlingen entladen wurde.

Über Vötting (20.4.), Giggenhausen (22.4.), Fürholzen (23.4.), Günzenhausen (24.4.), Haimhausen (26.4.) traf der Transport am 27.4. mit 3.800 Gefangenen in Dachau ein.

Über diesen Marsch berichtet auch Pfarrer Korbinian Fischer, Haimhausen aus dem Nachbarlandkreis, dass am 27. April nachmittags ein etwa 3.000 Menschen zählender Zug von KZ-Häftlingen durch die Pfarrei nach Dachau getrieben wurde. Er folgte dem Zug bis Ottershausen und Ampermoching. Das Spenden der letzten Ölung verweigerte ihm ein SS-Führer mit der Drohung der sofortigen Erschießung, falls er nicht augenblicklich den Platz verließe.

Fürholzen/Günzenhausen:

Pfarrer Georg Kolb aus Fürholzen berichtet, „dass am 27. April viele Hundert von KZ-lern von Weiden nach Dachau geführt wurden, auch eine Gruppe Frauen. Wer ermattet zusammensank, erhielt von der Mordkommission einen Schuss und wurde in den Straßengraben gerollt. Es ist besser, diese Leute zu töten, als sie gesund zu pflegen, sie würden doch sofort wieder das Plündern und Morden beginnen", wurde ihm auf Vorhalt geantwortet. Er ging dem traurigen Zug noch bis Haimhausen nach und gab drei Gefangenen, von denen zwei noch atmeten, Absolution und heilige Ölung. Da sie auf höheren Befehl nicht begraben werden durften, erfolgte die Beerdigung erst zu Christi Himmelfahrt auf dem Friedhof Günzenhausen. „Am 28. April um 4 und 7 Uhr zogen noch je eine kleinere Gruppe Lagerinsassen durch, aber unter guter Behandlung benachbarter Volkssturmler. Wer nicht mehr gehen konnte, durfte fahren".

Die drei Toten sind in einer Gräberliste der Gemeinde Günzenhausen vom 15. September 1953 unter laufende Nummer 1 bis 3 als unbekannte KZ-Insassen mit Todestag 25. April 1945 dokumentiert. Dabei ist als Grablage die Südostseite des Friedhofs festgehalten. Als Todesursache wurde erschossen angegeben. Der Sterbefall wurde nicht beurkundet.

Gammelsdorf:

In dem Fragebogen an das Landratsamt von der Landpolizei Oberbayern, Posten Mauern vom 3.4.47 meldet dieser Fehlanzeige zu Mauern, Gammelsdorf, Margarethenried, Hörgertshausen, Enghausen, Inzkofen und Schweinersdorf.

Giggenhausen:

In dem Fragebogen an das Landratsamt vom 29.3.47 wird von vier Transporten am 27./28./29. und 30.4.45 mit je 500-1.000 Mann gesprochen. Dabei hat es Tote gegeben, die in Sünzhausen und Massenhausen beerdigt wurden. Die Transporte erfolgten zu Fuß, Marschunfähige wurden mit Pferdefuhrwerken gefahren.

Gremertshausen:

In dem Fragebogen an das Landratsamt vom 30.3.47 findet sich für Ende April 45 ein Transport, der zu Fuß von Freising-Vötting-Giggenhausen nach Dachau führte. Dabei starben in Sünzhausen einige Gefangene eines gewaltsamen Todes. Die Leichen wurden unweit der Landstraße verscharrt. Danach erfolgte in Hohenbachern eine geordnete Beerdigung.

Großnöbach:

In dem Fragebogen vom 31.3.47 wird Fehlanzeige gemeldet.

Günzenhausen:

In dem Fragebogen an das Landratsamt, eingegangen am 8.4.47, ist von zwei Transporten die Rede, die am 27. und 28.4. aus Freising kamen und Richtung Haimhausen weitermarschiert sind. Der erste Transport war 3.000 bis 4.000 Mann stark, der zweite 100 Mann. Am 27.4. wurden drei Häftlinge von SS-Wachposten erschossen und zuerst vor Ort beerdigt, bevor sie am 10. Mai auf den Friedhof umgebettet wurden.

In einem Formular der Kat II Form 1 vom 11.8.46 ist von drei Transporten die Rede. Der erste am 27.4. zog gegen 14 Uhr mit 4.000 Sträflingen durch. Der zweite, bei dem sich auch Frauen befanden, zog in Truppstärke gegen 15 Uhr durch den Ort. Der dritte zog am 28.4. zwischen 15.30 und 20 Uhr mit politischen Häftlingen aus dem Lager Straubing durch den Ort.

Haag:

In dem Fragebogen an das Landratsamt vom 8.4.47 ist von zwei Transporten am 27. und 28. April 45 die Rede, die aus Inkofen kamen und Richtung Zolling zu Fuß marschierten. Der erste Transport umfasste ca. 600, der zweite ca. 400 Personen.

Haindlfing:

In dem Fragebogen an das Landratsamt vom 29.3.47 wird Fehlanzeige gemeldet.

Hallbergmoos:

In einem Fragebogen an das Landratsamt, eingegangen am 2.4.47, ist von einem Transport von 3.000 Häftlingen aus Straubing die Rede, bei dem es einen Toten gegeben hat.

Erwin Gebhard erinnert sich an den Häftlingsmarsch aus Neufahrn, der auf der Wiese gegenüber dem väterlichen Anwesen in der Grüneckerstraße Halt machte. Dabei sei ein Häftling in ihr Haus gekommen, um seine Hirse warm zu machen. Der herbeigeeilte SS-Wachmann griff ein, aber der Vater von Gebhard ging dazwischen. Danach verließ der Häftling das Anwesen. Der Zug zog weiter. Einige Zeit später sei derselbe SS-Mann als Gefangener auf einem amerikanischen Lkw zusammen mit seinen Kameraden abtransportiert worden. Josef Selmayr aus Erching berichtet, dass sich am 2. Mai 1945 der holländische Häftling Bachhuysen zu ihnen gerettet habe. Dort wurde er von seiner Mutter Judith Selmayr ungefähr sechs Wochen gepflegt, verstarb aber und wurde nach Holland überführt (vergleiche Kapitel 4).

Ein weiterer damals neun Jahre alter Zeitzeuge erinnert sich, dass gegen Ende April 1945 um 2 Uhr nachts ein Häftlingszug durch die Ludwigstraße zog. Ein Häftling wollte sich im Haus seiner Eltern verstecken – was seine Mutter aber wegen der Gefahren für ihre Familie nicht erlaubte.

In dem Einmarschbericht von Pfarrer Karl Morasch vom 1. August 1945 werden diese Märsche nicht erwähnt. Auch die kirchliche Beerdigung des am 8. Mai verstorbenen Albert Labro am 13. Mai 1945, obwohl im Matrikelbuch eingetragen, wird in seinem Bericht nicht erwähnt.

Hangenham:

Es liegt nur das Formular Kat II Form 4 vom 25.7.1946 vor, in dem bestätigt wird, dass ein Häftling an Erschöpfung gestorben ist und auf dem dortigen Friedhof beerdigt wurde.

Hemhausen:

In dem Fragebogen an das Landratsamt von Anfang April 1947 ist die Rede von einem Transport am 20.4.45, bestehend aus 450 Mann, die aus Richtung Norden kamen und Richtung Dachau weitermarschierten. Die drei Toten wurden im Friedhof in Abens beerdigt. Im Formular, Kat II Form 4 vom 6.8.46 sind drei tote KZ-Häftlinge aufgeführt, die im April 1945 an Erschöpfung verstarben.

Hirnkirchen:

Im Fragebogen an das Landratsamt vom 1.4.47 wird von einem Transport aus Hersbruck am 22.4.45 mit 1.500 – 1.600 Mann gesprochen. Dabei gab es drei Tote in Abens. Kranke sind mit Fuhrwerken nachgefahren worden.

Hohenbachern:

In den Einmarschberichten meldet der Expositus Fehlanzeige. Die Gemeinde Sünzhausen, zu der Hohenbachern gehörte, meldete sechs tote Häftlinge, beerdigt im Friedhof Hohenbachern.

Hohenbercha:

In dem Fragebogen an das Landratsamt vom 4.4.47 wird von drei Transporten zu Fuß am 28.4.45 gesprochen. Zwei Transporte führten zur nächsten Ortschaft Apfercha und sind dort von den Amerikanern befreit worden. Der dritte Transport hat sich aufgelöst und die Gefangenen wurden befreit.

Hohenkammer:

In dem Fragebogen an das Landratsamt (ohne Datum) ist von einem Transport am 20.4.45 die Rede, der zu Fuß aus Freising kam. Es gab keine Toten.

Hörgertshausen:

In dem Fragebogen an das Landratsamt vom 31.3.47 meldet die Gemeinde Fehlanzeige.

Inkofen:

In dem Fragebogen an das Landratsamt vom 28.3.47 ist von einem Transport „KZ-lern" mit 500-600 Mann am 27./28.4.45 die Rede, die zu Fuß aus Moosburg kamen und Richtung Haag-Zolling weitermarschierten. Dabei gab es 7-8 Tote, die am Dorfrand von „KZ-lern" beerdigt wurden.

Itzling:

In dem Fragebogen an das Landratsamt vom 2.4.47 wird handschriftlich Fehlanzeige gemeldet.

Kammerberg:

In dem Fragebogen vom 9.4.47 wird Fehlanzeige gemeldet.

Kirchdorf:

In dem Fragebogen an das Landratsamt vom 4.4.47 ist von 5-6 Transporten mit 1.500-2.000 Mann die Rede, die von Anfang bis Ende April aus Wolnzach kamen und Richtung Dachau weitermarschierten. Dabei gab es einen Toten, der in Nörting beerdigt wurde. „Augenzeugen sind die Einwohner der Gemeinde Kirchdorf".

Kranzberg:

Pfarrer Josef Ziller aus Kranzberg berichtet, dass um den 20. April 300 Sträflinge aus allen Nationen von SS-Posten durch Tünzhausen getrieben wurden und dort in einem Stadel übernachteten. Zwei von den SS-Posten erschlagene Strafgefangene wurden von diesen auf dem Tünzhausener Friedhof verscharrt, wie im Bericht steht. Die Namen konnten nicht festgestellt werden. Solche Fälle haben sich in der Gegend mehrere ereignet, hält Pfarrer Ziller weiter fest.

Langenbach:

Expositus Stephan Fuchs berichtet aus Langenbach, dass am 29. April gegen 14.30 Uhr Plünderungen namentlich zugunsten der 350 KZ-Leute, die zum großen Teil mit kriminellen Verbrechern aus Straubing durchsetzt waren, vorkamen. Auch Pfarrer Franz Kaltner aus Oberhummel schildert, dass am 29. und 30. April bei Haussuchungen in einzelnen Anwesen für die KZ-(Häftlinge) von Straubing tüchtig geplündert und unter Alkohol-Einwirkung mancher Haushaltsge-genstand in Trümmer geschlagen wurde. Diese Aussagen belegen, dass sich diverse Häftlingszüge vermischt haben.

Zu Langenbach gibt es ein Schreiben des Internationalen Roten Kreuzes vom Dezember 1955 bezüglich der Erschießungen von KZ-Häftlingen im Raum Landshut – Langenbach (StAM Signaturnr 34481 Blatt 51). Daraus entnehme ich folgende interessante Feststellungen „(...) seinerzeit wurde die Identifizierung der auf den Evakuierungs-transporten in den Ortschaften entlang des Weges dieser Transporte erschossenen und gestorbenen Häftlinge versucht. Diese Aktion musste wieder eingestellt werden, weil die Risiken bei einer Identifizierung nur nach aufgefundenen Nummern ohne jeden weiteren Anhaltspunkt zu groß sind und besonders im Hinblick darauf, dass niemals genau festgestellt werden kann, von welchem der vielen Konzentrationslager die gefundenen Häftlingsnummern ausgegeben wurden. Wir geben nachstehend den Weg des Evakuierungs-transportes Flossenbürg – Regenburg- Straubing – Dachau... bekannt." Da dieser doch sehr zeitnah erfolgte, gebe ich ihn in der vollen Länge wieder.

Flossenbürg (17.4.45) - Regensburg (23.4.45) – Straubing (24.4.45) – Dachau (28.4.45)

Von Straubing über Innerrhiental (24.4.45), Salching (24.4.45), Oberpiebing (24.4.45), Obersünzing (24.4.45), Leiblfing (25.4.45),

Puchhausen (25.4.45), Hüttkofen (24.4.45), Mengkofen (25.4.45), Weng (25.4.45), Postau (26.4.45), Mettenbach (26.4.45), Essenbach (26.4.45), Altheim (26.4.45), Landshut (26.4.45), Münchnerau (26.4.45), Bruckbergerau (27.4.45), Volkmannsdorf (27.4.45), Moosburg (27.4.45), Thonstetten (27.4.45), Langenbach (27.4.45) – ab hier ging es in zwei Gruppen weiter.

1. Gruppe:

Oberhummel (27.4.45), Berglern (28.4.45), Auerbach (28.4.45) – hier wurden 500 Mann befreit.

2. Gruppe:

Marzling (27.4.45), hier wurden 500 Mann mit 3.000 Mann aus dem Zuchthaus Straubing vereinigt und marschierten von Marzling über Rudlfing (27.4.45), Gaden (27.4.45), nach Pfrombach, wo sie am 28.4.45 befreit wurden.

Ein anderer Teil ging von Marzling über Freising (27.4.45) Vötting (27.4.45), Sünzhausen (28.4.45), Gremertshausen (28.4.45), Massenhausen (28.4.45) nach Dachau und wurde hier befreit.

Dazu ist anzumerken, dass der Häftlingsmarsch aus dem Zuchthaus Straubing auch in Moosburg, (vgl. Bericht des Pfarrers Alois Schiml), mit einem KZ-Marsch zusammengetroffen ist. Ansonsten wird der Häftlingsmarsch aus dem Zuchthaus Straubing im Kapitel 4 abgehandelt.

In dem Fragebogen an das Landratsamt ohne Datum wird von drei Transporten am 8./27. und 28.4.45 gesprochen, die zu Fuß aus Straubing kamen. Bei den ersten beiden Tagen war die Zahl unbekannt, am 28.4. waren es ca. 4.000 Mann. Die neun Toten wurden in Langenbach beerdigt, hinzu kamen einige Tote in

Oberhummel. Dazu gibt es ein Formular Kat II Form 4 vom 12.8.46, dass am 28. und 29.4.45 neun Tote in einem Sammelgrab bestätigt.

Lauterbach:

In dem Fragebogen vom 2.4.47 wird Fehlanzeige gemeldet.

Marzling:

In dem Fragebogen an das Landratsamt vom 13.4.47 berichtet Engelbert Keil von der Landpolizeistation, dass am 28.4. ein Transport aus Moosburg gekommen sei, der am nächsten Tag wieder zurückmarschiert sei. Dabei wurde ein Mann bei der Einfahrt in Eixendorf getötet, der am Ort bestattet worden sei und am 8. oder 10.12.45 durch Parteigenossen in den Friedhof umgebettet worden sei.

Massenhausen:

Pfarrvikar Kaspa Roßnagl aus Massenhausen berichtet, dass ein unbekannter Toter vom Hungermarsch auf einem Acker aufgefunden und am 27. April kirchlich beerdigt wurde.

Nach einer Meldung vom April 1947 an das Landratsamt Freising sind bei einem Transport vermutlich am 25. April 1945 von ca. 300 bis 400 Gefangenen in Massenhausen drei Mann verstorben und im Friedhof Massenhausen von der Gemeinde beerdigt worden. Personalien waren nicht mehr feststellbar. Die Grabpflege wird von Magdalene Vitztum in Massenhausen wahrgenommen. Diese drei Toten werden auch vom Bürgermeister von Massenhausen mit Meldung vom 14. August 1946 bestätigt.

Moosburg/Thonstetten:

Stadtpfarrer Alois Schiml aus Moosburg berichtet, dass einige Tage vor dem Einmarsch (29.4.45) zwei Elendszüge durch die Stadt kamen, einer aus einem Konzentrationslager in der Nähe Nürnbergs, der 2. aus dem Zuchthaus Straubing. Nach dem Bericht vom Zuchthaus Straubing muss dies der 27. April gewesen sein. „Jeder Zug mehrere tausend Jammergestalten, auch Frauen darunter. Die Moosburger beeilten sich, den daher wankenden, ausgemergelten, leichenähnlichen Gestalten Brot zuzustecken und Wasser zu geben. Mit lauten Worten gaben die Leute, die das Elend sahen, ihrer Empörung Ausdruck". Weiter berichtet er, dass „neben der Landstraße in Richtung Thonstetten die oberflächlich verscharrt wurden, die vor Hunger und Erschöpfung zusammengebrochen waren und von den Wachmannschaften durch Kopfschuss und Schädeleinschlagen liquidiert" wurden. In Thonstetten waren es etwa neun, Verwundete gab es nicht. In den nächsten Wochen wurden fünf politische Gefangene aus einem Konzentrationslager (Namen meist unbekannt) und drei Straubinger Häftlinge auf dem Moosburger Friedhof beerdigt.

Ein Bericht der Bayerischen Landpolizei, Landpolizeistation Moosburg vom 25. Oktober 1955 (StAM Signaturnr 34481, Blatt 18/19) führt zwei KZ-Häftlingskolonnen auf:

„Am 26. April 1945, in den Abendstunden, wurde auf der Bundesstraße Nr. 11 von Landshut kommend, in Richtung Freising ein größerer Transport von etwa 2 bis 2.500 KZ-Häftlingen durchgeführt. Von Oberreit, Gemeinde Thonstetten bis zur Gemeindegrenze Oberhummel wurden am nächsten Tag 10 erschossene KZ-Häftlinge, die auf den Feldern neben der Straße nur oberflächlich vergraben waren, aufgefunden. Die Toten wurden dann von der Gemeinde in einem Massengrab im dortigen Friedhof beerdigt. Eine Identifizierung der Toten konnte nicht stattfinden, da diese weder eine Erkennungsmarke noch sonst Ausweise besaßen. Die Toten hatten meistens Schussverletzungen am Kopfe".

„Am 27. oder 28. April 1945 wurde ein weiterer Transport von KZ-Häftlingen, in der Stärke von etwa 7 bis 800 Mann durch den hiesigen

Dienstbereich geschleust. Dieser Transport bewegte sich auf der Landstraße II. Ordnung von Bruckberg kommend über Isareck – Wang – Moosburg und zog in Richtung Thonstetten auf der Bundesstraße Nr. 11 weiter. Von diesem Transport wurden in einem Hohlweg bei Isareck 7 KZ-Häftlinge erschossen und dort eingegraben".

In Bruckberg und Bruckbergerau wurde von diesem Transport ebenfalls je ein KZ-Häftling erschossen und dort vergraben. Die Leichen in Isareck wurden am 24.11.1945 exhumiert und anschließend im dortigen Friedhof in einem Massengrab beerdigt. Bei der Exhumierung, bei der ich (PM Schloßnagel) selbst anwesend war, konnten von zwei Leichen, an deren Bekleidungsstücken die Nummer 132 307 und 983 208 festgestellt werden. Bei der in Bruckbergerau exhumierten Leiche wurde die Nummer 68 348 festgestellt."

Bernhard Kerscher Jahrgang 1937, damals wohnhaft in Moosburg, Münchnerstr. erinnert sich an zwei Häftlingsmärsche durch Moosburg.

Bei einer Rastpause brachten sie den Häftlingen Wasser in Eimern, Brot und rohe Kartoffeln. Je nach Wachmann stießen diese die Wassereimer um. Nachdem sie fast fertig waren, gab ihm ein Häftling einen Ring und bat um etwas Essbares. Darauf ging er nochmals zu seiner Mutter und bekam rohe Kartoffeln mit. Als er den Häftling wiederfinden wollte, stellte er fest, dass sie für ihn alle gleich aussahen. Deshalb gab er einem Häftling die Kartoffeln samt Ring.

Er sah noch, wie zwei Begleiter einen Häftling stützten, der nicht mehr richtig laufen konnten. Ein Wachmann stieß den beiden Begleitern, die den Häftling stützten mit dem Gewehrkolben in den Rücken. Darauf fiel dieser hin und wurde erschossen. Der Tote wurde auf das den Zug nachfahrende Pferdefuhrwerk gelegt, auf dem sich bereits mehrere Tote befanden.

Nandlstadt:

In dem Fragebogen an das Landratsamt vom 2.4.47 sind zwei Kriegsgefangenentransporte vom 19. bis 22.4.45 aufgeführt. Der erste Transport bestand aus 180 Mann und ging Richtung Attenkirchen, der zweite mit unbekannter Zahl Richtung Kirchdorf. Dabei soll es einen Toten in Au gegeben haben.

Neufahrn/Mintraching:

In dem Fragebogen an das Landratsamt, eingegangen am 5.4.47, wird von einem Transport am 25.4. mit 300 Mann berichtet, bei dem es drei Tote in Massenhausen gab und am 29.4.45 10 Uhr von 400 Mann.

In einem weiteren Fragebogen vom 4.4.47 ist von drei Toten vor Kriegsende die Rede, die aus einem Transport von Straubing über Freising, Giggenhausen und Massenhausen kamen. Durch Massenhausen führten zwei Transport Anfang April und am 28.4., die beide aus Freising kamen. Ein Transport mit 400 bis 500 Mann wurde in Eching durch die Amerikaner befreit.

Ein Fragebogen, eingegangen am 16.4.47, spricht von einem Transport Ende April mit 150 Mann, die Richtung Eching marschierten. Am 29.4.45 ist von 400 Mann die Rede, wovon 200 Richtung Garching marschierten und 200 Richtung Goldach zu Fuß oder auf Pferdefuhrwerken transportiert wurden.

Am Sonntag 29. April gegen Mittag bewegte sich ein Zug von rund 350 KZ-Häftlingen von Neufahrn nach Hallbergmoos, geleitet vom Kirchenpfleger Pleßl und acht Volkssturmleuten. Dieser wird auch von Ludwig Bösl aus Mintraching beobachtet. Dazu steht in der Chronik auf Seite 371/72, „es war an einem der letzten Apriltage des Jahres 1945 (wahrscheinlich war es Sonntag, 29. April), als von dem Feldweg, der von Neufahrn nach Mintraching führte (heute etwa Galgenbachweg-

Dorfstrasse), ein KZ-Häftlingszug durch Mintraching getrieben wurde. Am Ortseingang, auf einer Wiese der Familie Reisinger, war den Häftlingen in ihrem Fußmarsch eine kurze Rast zugestanden worden. Die abgemagerten und ausgehungerten Menschen, es mögen wohl einige Hundert gewesen sein, trugen grau-blaue längsgestreifte Häftlingskleidung. Der kurze Haarschnitt war in der Mitte des Kopfes durch einen breiten ca. 4 cm breiten, bis zur Kopfhaut abgeschnittenen Streifen von vorn bis zum Nacken durchbrochen. Während dieser kurzen Rast brachten die in der Nähe wohnenden Mintrachinger Bauern den Häftlingen etwas zu essen und zu trinken, vor allem Brot und Milch. Bei der Menge der Häftlinge war dies allerdings wohl nur ein Tropfen auf den heißen Stein. Auch drängten die den Zug begleitenden Wachposten ständig zum Weitergehen. Bei weiterem Antreiben durch die Bewachung wurde dieser Häftlingszug dann über die Isarbrücke nach Goldach/Hallbergmoos weitergeführt. Die Einwohner von Mintraching waren trotz ihres Mitleids mit den Häftlingen und trotz ihrer Hilfsbereitschaft erleichtert, als die Häftlinge abgezogen waren. Es hatte sich nämlich herumgesprochen, dass es nach der Befreiung solcher Häftlinge kurzzeitig durch diese zu Plünderungen in der näheren Umgebung ihrer Befreiung gekommen war".

Ein Bericht der Landpolizei Neufahrn vom 4.4.47 führt einen Transport unmittelbar vor Kriegsende auf, der aus Freising-Giggenhausen-Massenhausen kam. Drei Tote wurden am Straßenrand von Giggenhausen bis Fürholzen begraben. Diese wurden auf Veranlassung des Landratsamtes ausgegraben und in Massenhausen beerdigt. Durch Massenhausen führten zwei Transporte mit 400-500 Mann Anfang April und am 28.4.45, die beide aus Freising kamen.

Niederambach:

In dem Fragebogen an das Landratsamt vom 8.4.47 wird von zwei Transporten gesprochen, die am 30.4.45 mit etwa 1.000 Mann aus

40

Isareck/Wang kamen und Richtung Kirchamper zu Fuß weiter-marschiert sind. Es gab keine Toten.

Nörting:

Auch durch Nörting zog am Ende des 2. Weltkriegs ein Elendszug von Häftlingen, wie sich Ackstaller und Westermeier nach einem Bericht in der Süddeutschen Zeitung vom 26. August 2017 erinnern. Dabei sei ein Häftling in einer Kiesgrube unweit des Dorfes erschossen und ver-scharrt worden. Jemand habe ihn wieder ausgegraben und auf dem Nörtinger Friedhof bestattet. Später wurde die Leiche exhumiert und an einen anderen Ort überführt.

In dem Fragebogen an das Landratsamt vom 3.4.47 ist von einem Transport Anfang April mit einigen hundert Mann und drei Transporten im Laufe des 27. April 45 mit ca. 1.000 Mann die Rede, die aus Kirchdorf kamen und Richtung Allershausen weiterzogen. Ein Toter wurde in der Kiesgrube von „KZ-lern" beerdigt. „Die Dorfkinder haben bei den Transporten zugesehen".

Oberhummel:

In dem Fragebogen an das Landratsamt vom 21.4.47 wird ein Transport aufgeführt, der am 29.4.45 vormittags aus Thonstetten kam. Von den beiden Toten wurde je einer in Ober- und Niederhummel beerdigt.

Palzing:

In dem Fragebogen an das Landratsamt vom 1.4.47 ist von zwei Transporten die Rede. Der erste bestand aus 300-400 Russen, die anfangs April Richtung Moosburg marschierten. Der zweite Transport zwischen 15. bis 20. April bestand aus ca. 1.200 „Kazetlern", die aus Wolfersdorf kamen und Richtung Dachau weiterzogen.

Pfettrach:

Da die Gemeinde abseits liegt, meldete sie am 3.4.47 keine Transporte.

Pfrombach:

In dem Fragebogen an das Landratsamt ohne Datum wird ein Transport mit ca. 4.000 Mann am 29.4.45 aufgeführt, der, nachdem die Posten verschwunden waren, sich von selbst auflöste. Tote gab es keine. „Zeugen waren die Ortsbewohner von Pfrombach".

Plörnbach:

In dem Fragebogen an das Landratsamt, eingegangen am 1.4.47 wird Fehlanzeige gemeldet.

Pulling:

In einem Bericht der Gemeinde Pulling an das Landratsamt Freising vom 3. April 1947 ist von ca. 50 KZ-Angehörigen die Rede, die vom 26. auf 27. April in Achering Hausnr. 24 in einer Scheune übernachtet haben. Sie wurden dort mit Brot und Kartoffeln versorgt. Kriegsgefangene Franzosen brachten für einen Mann ihrer Nationalität auch sonstigen Proviant. Zwei Mann sind von dort entwichen und haben sich in einem nahen Strohhaufen ein paar Tage versteckt. Bei Frau Gruber Hausnr. 25 wurden sie mit Kaffee bewirtet.

In dem Fragebogen an das Landratsamt Freising vom 9.4.47 ist von ca. 50 Mann die Rede, die am 26.4.45 aus Freising kamen und Richtung Neufahrn-Eching weitermarschierten. 12-15 Mann wurden mit Pferdefuhrwerken bis Eching gefahren, der Rest ging zu Fuß.

Reichersdorf:

In dem Fragebogen an das Landratsamt vom 31.3.47 wird Fehlanzeige gemeldet

Reichertshausen:

In dem Fragebogen an das Landratsamt vom 9.4.47 wird ein Transport Anfang April 45 mit 80 bis 100 Mann aufgeführt, der aus Mainburg kam und Richtung Freising weiterzog. Es gab keine Toten

Rudlfing:

In dem Fragebogen an das Landratsamt wird von einem Transport am 27.4.45 gesprochen, der von Moosburg kam und Richtung Freising führte und am selben Tag zurück nach Langenbach ging. Nach Häftlingsaussagen handelte es sich um ca. 4.300 Gefangene. Es gab einen Toten in Langenbach. Der Transport löste sich durch die Ankunft der Amerikaner auf. Zeugen waren die meisten Gemeindeangehörigen.

Schlipps:

In dem Fragebogen, eingegangen am 5.4.47, meldet die Gemeinde Fehlanzeige.

Sixthaselbach:

In dem Fragebogen an das Landratsamt vom 1.4.47 wird Fehlanzeige gemeldet.

Sünzhausen:

In dem Bericht der Landpolizeistation Freising vom 22.12.1955 wird berichtet, dass der Maurer Franz Fischer an der Giggenhauser Str. 28 unweit der Stadtgrenze zu Freising acht tote KZ-Häftlinge gefunden habe, die nur oberflächlich verscharrt waren. Sie wurden auf Anordnung der Militärregierung von ehemaligen NSDAP-Mitgliedern ausgegraben und sechs davon im Friedhof Hohenbachern und zwei im Friedhof Sünzhausen beigesetzt. Bei dieser Umbettung konnten weder Erkennungsmarken noch Ausweispapiere gefunden werden, sondern nur mehr gestreifte Fetzen der KZ-Bekleidung.

In dem Fragebogen an das Landratsamt, eingegangen am 24.4.47 ist von mehreren Transporten die Rede. Am 23.4.45 kam ein Transport mit ca. 600 Mann von Mainburg über Au. Zwei Verstorbene wurden im Friedhof Holzhausen von Johann Stanglmayer und französischen Kriegsgefangenen beerdigt.

Thalhausen:

Kein Fragebogen aufgeführt.

Thonstetten:

In dem Fragebogen an das Landratsamt vom 30.3.47 sind hand-schriftlich zwei Transporte am 26. und 28.4. aufgeführt, die 2.500 und 700-800 Mann umfassten und aus Landshut kamen. Der erste Transport führte weiter Richtung Langenbach-Freising, der zweite Richtung Oberhummel. Es gab zehn Tote, wobei ein Toter bereits eine Woche zuvor am Gefangenenfriedhof abgelegt worden war. Die Toten wurden in einem Massengrab beerdigt. Mit Formular Kategorie II Form 4 vom 12.8.46 wurden zehn Tote durch die Gemeinde gemeldet.

Tüntenhausen:

Die Gemeinde ist im Online Archiv der ITS Bad Arolsen nicht aufge-führt.

Expositus Josef Schmid aus Tüntenhausen berichtet, „dass am 27. April kurz nach Mittag etwa 850 Häftlinge des KZ Buchenwald bei Weimar durch das Dorf getrieben werden. Sie kamen von Zolling und marschierten nach Freising. In Erlau hatte sie ein Verpflegswagen des Internationalen Roten Kreuzes eingeholt und Verpflegspakete ausgegeben". Weiter schildert er die Dramen, die sich abspielten, wenn die Häftlinge Wasser sowie Brot und Kartoffeln von den Einwoh-nern erhielten. Weiter schreibt er, „dass die Gefangenen bei jeder passenden und unpassenden Gelegenheit mit Fußtritten, Kolben-
44

hieben und Stockschlägen misshandelt wurden. Zwei verhungerte Häftlinge wurden am 3. Mai der geweihten Erde übergeben und ins Totenbuch der Expositur eingetragen". Soweit der Bericht von Expositus Josef Schmid. Die LP-Station Freising hält dazu in einem Bericht vom 22.12.1955 fest, „am 29. April 1945 fand Oberlehrer Vogel zusammen mit zwei Schulkindern in der Tüntenhausener Flur zwei tote KZ-Häftlinge in einem Feldstadel. Lehrer Vogel stellte dabei die Erkennungsnummern 91 063 und J. L. 132093 fest, nahm sie aber nicht in Verwahrung. Diese beiden Häftlinge wurden in Särgen und kirchlich bestattet." Vergleiche dazu auch die Ausführungen von Dr. Guido Hoyer in seinem Buch „Verfolgung und Widerstand in der NS-Zeit. Gedenkorte im Landkreis Freising" auf den Seiten 55 bis 59.

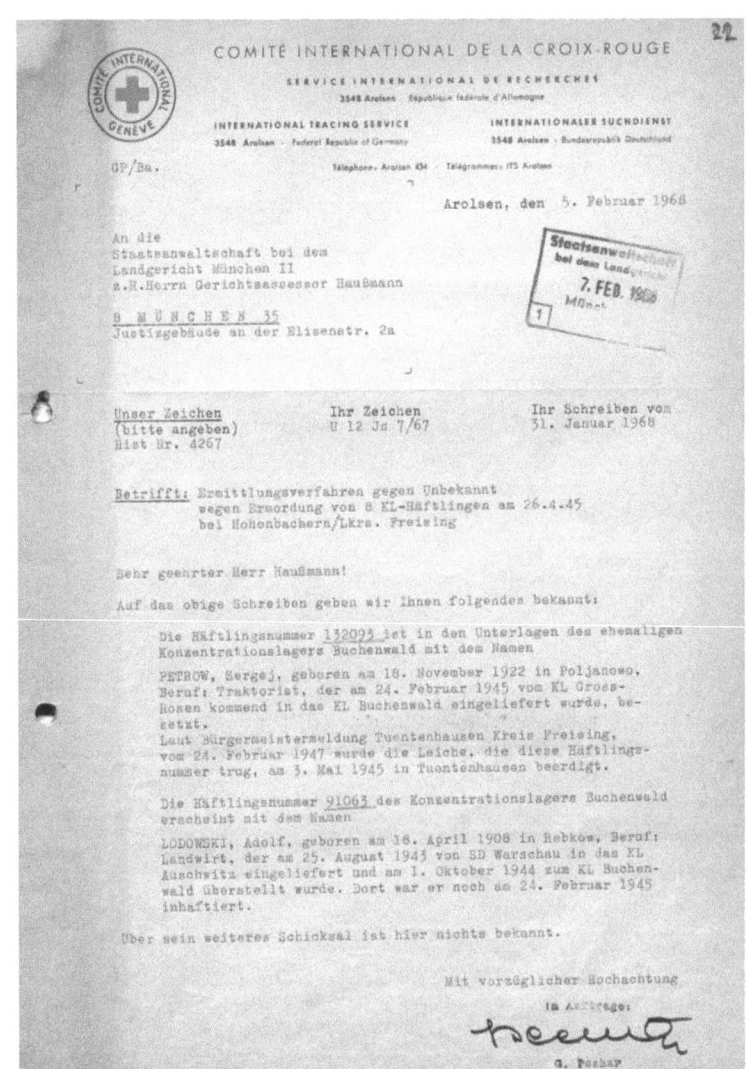

Abbildung 6: Ermittlungen des Roten Kreuzes vom 5. Febr. 1968

Die Abbildung 6 zeigt die Mitteilung des Roten Kreuzes vom 5. Februar 1968, in dem die näheren Angaben zu den verhungerten Häftlingen der Staatsanwaltschaft beim Landgericht München II mitgeteilt wurden.

Die Eintragungen in das Sterbebuch von Tüntenhausen erfolgten im Jahr 1947 unter den laufenden Nummern 8 und 9/47.

Dazu die Erinnerungen einer damals Siebenjährigen, die gegenüber der Kirche von Tüntenhausen wohnte. Ihr Vater war im Krieg und kehrte erst 1948 aus französischer Kriegsgefangenschaft zurück. Weiterhin ist anzumerken, dass die Amperleiten damals deutlich steiler war, da die Kuppe noch nicht abgetragen war. Die Straße selbst war eine Kies-straße.

„Am besagten Tag kurz vor Kriegsende 1945, es war im Frühjahr und die Sonne schien, kam ein langer Häftlingszug über die Amperleiten und zog durch Tüntenhausen, dass damals ungefähr 350 Einwohner hatte. Die Häftlinge, ausnahmslos Männer in ihren Häftlingskleidern, kamen als Skelette daher – etliche nutzten Schrubber als Krücken. Die Bewacher waren Männer und Frauen, wobei die Frauen Reithosen trugen." An Wachhunde kann sich die Zeugin nicht erinnern. Im Zug fuhren auch Leiterwagen aus Obersberg, auf denen Häftlinge lagen, die nicht mehr gehen konnten.

Auf dem Weg nach Tüntenhausen durch Erlau hatten die Häftlinge, wie man sich erzählte, beim Schöttl alle Rüben und Kartoffeln, die im Hof waren, gegessen.

„Als beim Wirt in der Talsenke der Bauer mit dem Wagen anhielt, schnitt die Schmidkramerin (Hölzl) von Vierpfündern Brotscheiben ab und gab sie den Häftlingen. Dadurch kam es zu Tumulten, woraufhin die uniformierten Aufseherinnen mit den Gewehrkolben auf die Häft-linge einschlugen.

Es wurde erzählt, dass in den Straßengräben immer wieder Häftlinge lagen. Auch nach dem Brotverteilen blieben angeblich einige Häftlinge liegen."

An weitere Personen, die etwas an die Häftlinge verteilt hätten, kann sich die Zeugin nicht erinnern.

Den Pfarrer hat sie beim Häftlingsmarsch nicht gesehen.

Tote Häftlinge sind ihr nicht geläufig. Dagegen erinnert sie sich an tote Soldaten, die in ihren Mänteln mit dem Gesicht zum Boden auf dem Friedhof lagen. Bei einigen schaute noch die Zahnbürste aus dem Mantel hervor. Der Zimmerer Wiesheu fertigte die Särge für die Soldaten. An die Beerdigung selbst erinnert sie sich nicht.

Tünzhausen:

In dem Fragebogen an das Landratsamt vom 4.4.47 wird von einem Transport am 17. oder 18.4.45 gesprochen, der mit 350 Gefangenen aus Richtung Au-Kirchdorf-Nörting kam. Zwei Tote wurden im Friedhof Tünzhausen durch Gefangene unter Aufsicht von SS-Wachmann-schaften beerdigt. Im Formular Kat II Form 4 vom 13. Aug. 1946 sind zwei Einzelgräber mit wahrscheinlich Polen angegeben. Vorheriger Rastort war Au.

Unterbruck:

In dem Fragebogen vom 31.3.47 wird Fehlanzeige gemeldet.

Unterzolling:

In dem Fragebogen an das Landratsamt eingegangen am 8.4.47 ist von zwei Transporten mit je ca. 400 Mann am 28.4.45 aus Moosburg kommend die Rede. Es gab keine Toten, allerdings einen in Nörting. „Sämtliche Einwohner des Dorfes Unterzolling waren Zeuge der Transporte".

Volksmannsdorf:

In dem Fragebogen an das Landratsamt vom 2.4.47 meldet Bruck-bergerau am 27./28.4.45 zwei Transporte mit je 1.500 Mann, wobei es in Wang 6-8 Tote gab.

Volkmannsdorferau:

In dem Fragebogen an das Landratsamt vom 31.3.47 werden keine Transporte gemeldet.

Vötting:

Nach einer Meldung des katholischen Stadtpfarramtes St. Jakob in Freising an das Internationale Informationsbüro für das ehemalige Konzentrationslager Dachau vom 1. März 1946 wurde mitgeteilt, dass ein KZ-Häftling, dessen Name und sonstige Personalien und Häftlingsnummer unbekannt sind, in den letzten Apriltagen von einem SS-Posten an der Giggenhauserstr. erschossen wurde, im Städtischen Friedhof Freising-Vötting begraben wurde. Die Beerdigung eines Häftlings in Vötting wird auch in den Einmarschberichten auf Seite 1395 bestätigt, wo es heißt, „einige Tage vor Kriegsende (30.04.) werden mehrere hundert Häftlinge über Lageltshausen, Gemeinde Sünzhausen nach Dachau getrieben. Ein Erschossener wurde in Vötting beerdigt."

Wang:

In dem Fragebogen an das Landratsamt vom 1.4.47 werden zwei Transporte Ende April 45 mit 700-800 Mann aufgeführt, die aus Landshut kamen. Die 7 Toten wurden am 12.12.45 in den Friedhof von

Volksmannsdorf umgebettet. Der Bericht führt die Nummern 132 307 und 983 208 auf.

Wippenhausen:

In dem Fragebogen an das Landratsamt, eingegangen am 1.4.47, wird Fehlanzeige gemeldet.

Wolfersdorf:

In dem Fragebogen an das Landratsamt, eingegangen am 12.4.47, ist von einem Transport eine Woche vor dem Zusammenbruch mit 250 Mann die Rede, die aus Siechendorf kamen. Kein Toter.

Zolling:

In dem Fragebogen an das Landratsamt vom 4.4.47 ist ein Transport aus Moosburg Richtung Freising aufgeführt. Weiter Angaben wurden nicht gemacht.

3.2. Marschrouten

Die Fragebogen wurden von Bürgermeistern, Gemeinderäten sowie den damals fast überall vorhandenen Landpolizeistationen ausgefüllt. In Verbindung mit den Einmarschberichten, den Zeitzeugenaussagen sowie weiteren Meldungen aus der Nachkriegszeit lassen sich die auf Abbildung 7 eingezeichneten Routen bestimmen. Dabei bedeutet ein Pfeil einen gemeldeten Häftlingsmarsch mit Richtungsangabe. Die Zahl neben einem Pfeil gibt an ob zwei oder mehrere Märsche gemeldet worden sind. Mit Punkten gekennzeichnet der Häftlingsmarsch aus dem Zuchthaus Straubing, dessen genauer Verlauf im Landkreis Freising in Abbildung 8 dargestellt wird.

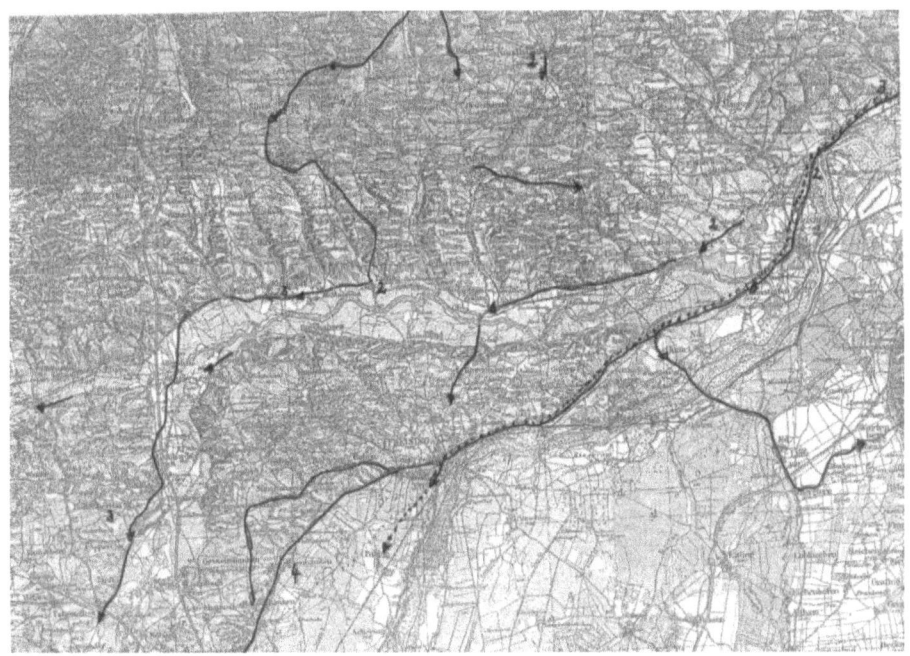

Abbildung 7: Übersicht über die Häftlingsmärsche

Interessant auch, dass von vier Gemeinden Kriegsgefangenenmärsche gemeldet wurden. So meldet Nandlstadt zwei Kriegsgefangenentransporte, die nach Attenkirchen und Kirchdorf weiterzogen.

In Attenkirchen waren dies zwei Transporte, die aus Augsburg kamen und über Berghaselbach und Wimpasing mit mehreren hundert Mann nach Moosburg führten. Bei dem aus Appersdorf Mitte April gemeldeten Transport unbekannter Zahl dürfte es sich vermutlich um einen der beiden Märsche aus Attenkirchen gehandelt haben.

Die Gemeinde Palzing meldet einen Transport mit 300-400 Russen, die nach Moosburg weiterzogen.

3.3. Der Häftlingsmarsch im Landkreis aus dem Zuchthaus Straubing vom 25. bis 30. April 1945

Grundlage bilden die Aufzeichnungen der JVA Straubing unter dem Titel: „Gefangenenmarsch vom Zuchthaus Straubing nach Dachau vom 25. bis 29. April 1945", die mir freundlicherweise von Herrn Resch von der JVA Straubing zusammen mit weiteren Dokumenten zur Verfügung gestellt wurden. Dazu kommen die Einmarschberichte der Pfarrer der Erzdiözese München und Freising, die Fragebogen der Gemeinden an das Landratsamt Freising sowie die Akte StAM, Staatsanwaltschaft bei dem Landgericht München II Signatur 34481.

Der Marsch begann auf Befehl der SS am 25. April 1945 um 7.30 Uhr mit 3.000 Häftlingen unter Bewachung von ca. 100 Zuchthausbeamten mit Karabinern. Die ungefesselten Häftlinge waren in Häftlingskleidung und Decken gehüllt, hatten Feldgeschirr und etwas Brot dabei und an den Füssen meist Holzschuhe. Begleitet wurde der Zug vom Anstaltsleiter Ottmar Badum und dem Polizeiinspektor Dott. Zuvor, am 24. April, hatte ein SS-begleiteter Zug von KZ-Häftlingen vom KZ Flossenbürg Straubing Richtung Dachau passiert, wie der Chronist Resch schreibt (vgl. Kapitel 3 Langenbach). Bereits am ersten Tag konnten ca. 400 Häftlinge flüchten, da die Beamten bei Fluchtversuchen in die Luft schossen, wie von Zeitzeugen bestätigt wurde. Am ersten Tag wurde in Ottending nach ca. 30 km auf einer Wiese unter dem Dreifaltigkeitsberg übernachtet. Der zweite Tag führte nach ca. 22 km in Altdorf bei Landshut zur Übernachtung. Der dritte Tag führte nach ca. 22 km über Gündlkofen und Bruckberg bis nach Moosburg. Der Marsch durch den Landkreis Freising ist auf der Abbildung 8 dargestellt.

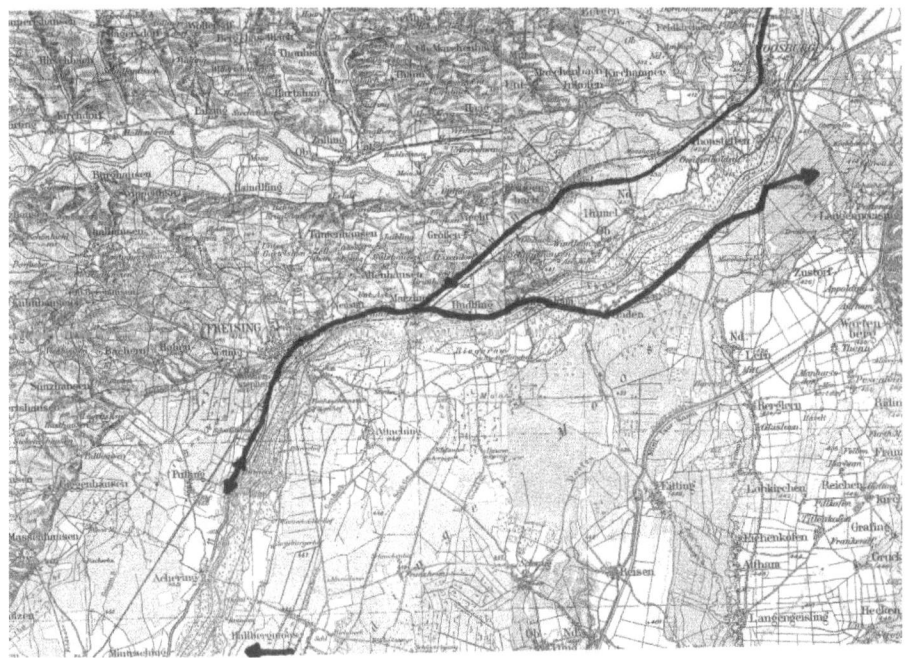

Abbildung 8: Häftlingsmarsch vom Zuchthaus Straubing vom 25. bis 30. April 1945

Am Samstag 28. April wird bei strömendem Regen über Thonstetten, Langenbach, Marzling, Freising nach Pulling marschiert, wo man sich mit SS aus Dachau zur Übernahme des Zuges trifft. Die Übernahme erfolgt aber auf Grund der heranrückenden Amerikaner nicht, weshalb Anstaltsleiter Badum und Inspektor Dott entscheiden, nach Straubing zurück zu marschieren. Es wird umgekehrt und in Tuching bei einem Bauern in einer Scheune übernachtet. Für Sonntag, den 29. April, berichtet der Chronist, dass die genauen Routen und Gruppierungen nicht mehr exakt nachvollziehbar sind, da sich zu diesem Zeitpunkt mehrere Züge auflösten, Splittergruppen bildeten oder sich Gruppen vermischten. Dies verdeutlicht auch der Bericht von Pfarrer Franz Josef

Roßberger aus Eching in den Einmarschberichten auf Seite 1363, denn am 29. April befreite gegen 14.30 Uhr ein einzelner Panzerwagen der Amerikaner einen Zug Gefangener (250) aus der Gefangenenanstalt Straubing, der sich auf der Straße von Freising nach München bewegte und bringt sie nach Eching. Diese Befreiungsaktion findet sich auch in der Echinger Chronik auf Seite 171.

Zuvor wird dieser Zug auch von Ludwig Gilch aus Mintraching beobachtet. In der Chronik von Mintraching auf Seite 372 findet sich dazu folgender Bericht, „am 29. April 1945 marschierte ein Zug mit KZ-Häftlingen von der Grünecker Kreuzung her Richtung Dietersheim. Auf dem Acker zwischen dem Grasslanwesen und unserem Grundstück befand sich (westlich von der B11) eine Futterrübenmiete. Einige Häftlinge liefen dorthin, um sich daraus (meist halbverfaulte) Futterüben zu nehmen und diese zu essen. Allerdings ist das nur wenigen gelungen. Die begleitenden Wachposten haben dies verhindert, die Häftlinge zurückgedrängt und diese dabei auch mit Gewehrkolben brutal geschlagen. Der Häftlingszug zog dann weiter Richtung Dietersheim".

Auch Resi Reif berichtet in derselben Chronik, „ein Zug von KZ-Häftlingen zog von Achering kommend auf der B11 an unserem Haus Münchner Straße 2 vorbei. Als das Bewachungskommando bereits unser Haus passiert hatte, warf mein Vater den nachfolgenden Häftlingen Äpfel über den Gartenzaun."

Der Expositus aus Goldach berichtet in den Einmarschberichten auf Seite 1368 unter dem Datum vom 29. April, „nachmittags zogen etwa 30-40 Insassen des Zuchthauses Straubing durch Goldach Richtung Mintraching. Nach MG-Feuer vor der Isarbrücke löst sich der Zug auf, die Wachmannschaften verschwinden, die Häftlinge werden in

54

Bauernhöfen untergebracht. Gegen 16 Uhr am selben Tag wird die Isarbrücke gesprengt."

Der Häftlingsmarsch aus dem Zuchthaus Straubing wird auch ausführlich im 21. Sammelblatt des historischen Vereins Freising auf den Seiten 46 bis 48 geschildert. Der Häftling berichtet, „in aller Herrgottsfrühe mußten wir im Hof des Zuchthauses Straubing antreten und der Marsch begann. Kurz hinter der Stadt sahen wir die ersten erschossenen Kameraden im Straßengraben liegen. Straubing war Sammelstelle von verschiedenen Lagern, schon vor uns waren lange Kolonnen durch die Stadt getrieben worden. (...) Beim Abmarsch erhielten wir den unmißverständlichen Befehl: „Wer zurückbleibt, wird erschossen!" „Als wir einen Wald passierten, liefen 8 Leute plötzlich weg. 2 entkamen, 4 wurden erschossen, die restlichen 2 wieder geschnappt. Sie mußten zur Abschreckung gefesselt fortwährend den Zug auf- und ablaufen. (...) Die erste Nacht verbrachten wir auf einer Wiese. Vier oder fünf Mal haben wir so geschlafen, die letzte Nacht vor Moosburg. Dabei brach ein starkes Gewitter los, viele brannten bei dieser Gelegenheit durch. (...) Die Gemeinden, die wir passierten, mußten für die kranken Gefangenen Fahrzeuge zur Verfügung stellen. Am Samstag passierten wir Langenbach, bei Marzling wurden wir notdürftig mit einigen Kartoffeln verpflegt. Im Eilmarschtempo trieb man uns durch Freising. Bei Pulling kam uns SS vom Lager Dachau entgegen, konnte uns aber nicht übernehmen. Wir machten kehrt. Ich ging barfuß und trug meine Holzpantoffeln in der Hand. Wir schleppten uns wiederum durch Freising und kamen bis Tuching. Dort übernachteten wir bei einem Bauern in der Scheune. Das Abendessen bestand aus drei Kartoffeln. Am Sonntag früh sollten wir über Marzling und Langenbach nach Moosburg zurückmarschieren. Zwischen Marzling und Langenbach hatten wir Tote durch Tieffliegerbeschuß, weil zahlreiche Wehrmachtsfahrzeuge im Schutze unserer Kolonne fuhren. Seitlich von uns flog ein Munitionszug in die Luft. Nach Langenbach erhielten wir wiederum Beschuß von den schnell vordringenden Amerikanern und wichen nach Niederhummel hinüber aus. Dort empfing uns französische SS, wir gingen weiter bis zur Isar und machten dort halt. ... Wir kamen nach Oberhummel. Gegen Mittag hißte die Bevölkerung weiße Fahnen. Die Amerikaner rollten mit ihren Panzern ins Dorf. Wir stürzten auf die Straße, die Soldaten warfen uns Zigaretten zu. Wir gingen zusammen in eine Wirtschaft und tranken Bier. Auf unsere leeren Mägen machte das einen schlechten Eindruck." Soweit der Bericht des unbekannten Häftlings. Die weitere Unterbringung erfolgte zunächst in einer Scheune, dann wurden sie in den Gasthof Ismeier umquartiert, um nach einigen Tagen nach Freising in die E-Kaserne zu marschieren. Da Deutsche und Österreicher dort nicht aufgenommen wurden, gingen sie wieder nach Langenbach zurück. Dort wurden immer 2 bis 3 Mann bei einem Bauern untergebracht, bis sie nach Hause zurückkehren konnten.

Auch Pfarrer Quirin Zacherl aus Volkmannsdorf berichtet, „dass kurz vor Abschluss des Waffenstillstands 3-4.000 Gefangene aus dem Gefängnis Straubing durch unseren Ort geführt wurden. Dabei wurden in der Nähe mehrere Sträflinge – angeblich sieben – weil sie infolge Ermattung nicht mehr schnell genug marschieren konnten, von der Begleitmannschaft erschossen und von dieser sogleich etwas abseits von der Straße an einem Hohlweg eingegraben."

Zu dem Häftlingsmarsch aus dem Zuchthaus Straubing liegt der Zeugenbericht eines Häftlings, aufgenommen am 17. Mai 1945 vor (StAM beim Landgericht München II, Signatur 34481 Blatt 35/36), aus dem hier auszugsweise zitiert wird, da er kurz nach dem Marsch zu Protokoll gegeben worden ist und die Bedingungen der Märsche widerspiegelt. „Der Anfang unseres Leidensweges begann erst mit dem 25. April 1945. An diesem Tage wurden wir morgens um 5 Uhr geweckt mit dem Befehl, Schlafdecke und Kochgeschirr mitnehmen! Wir wussten nicht, wohin es gehen sollte, nur das war uns einigermassen klar, dass wir wegen der Nähe des Feindes aus dem Stadtgebiet entfernt werden sollten. Wir marschierten gegen 7 Uhr vom Zuchthaus Straubing weg Richtung Landshut. Während des Marsches erfuhren wir von einem Mitgefangenen, der den Wagen unserer ärmlichen Verpflegung fuhr, dass es nach Dachau gehen sollte, wo wir unsere gemeinsame Massenhinrichtung zu erwarten hätten. Was dieser Marsch, der bis zum Abend des 30. April währte, alles an Entbehrung, Hunger, Elend, Misshandlung, Erschöpfung bis zum Tode, in sich schließt, kann kaum wiedergegeben werden. Nur summarisch sei einzelnes angedeutet: wir mussten den Marsch in Holzschuhen machen, an Verpflegung bekamen wir die ersten Tage noch zwei oder drei Stückchen Brot, zirka 100 bis 150 Gramm täglich, dazu noch ein wenig Margarine oder ein Stücklein geräuchertes Rindfleisch von etwa 20 Gramm. Die letzten Tage fehlte jegliche Verpflegung. Der Selbstunterhaltungsinstinkt trieb uns an, bei den Bauern, durch deren Dörfer wir zogen, uns Kartoffeln, Rüben oder ein Stücklein Brot zu erbetteln. Da zeigte sich jedoch die Grausamkeit der meisten Wachtmeister erst im grellsten Lichte. Sie trieben uns mit Stöcken und Gewehrkolben von den Türen der Bauern hinweg, während sie selbst eifrig hineingingen und sich gut verpflegen ließen. Dabei heuchelten sie noch, dass sie auch Priester unter ihren Gefangenen hatten, denen sie etwas geben wollten. Die guten Bauersleute gaben ihnen daher reichlich in der Meinung, die Wachtmeister würden auch ihren Gefangenen etwas verabreichen. Natürlich sahen wir nichts von den Almosen der Bauern. An einer Stelle wollten gute Menschen 100 Eier für die Gefangenen geben; da kamen drei Wachtmeister hinzu und nahmen die 100 Eier mit der Versicherung, sie würden dieselben an die Gefangenen austeilen. Tatsächlich aber haben die drei Wachtmeister die 100 Eier allein ausgetrunken. Die Gefangenen sahen nur die leeren Schalen entlang des Weges liegen. Wir mussten mit Ausnahme einer Nacht, die wir in einem Stadel verbrachten, im Freien übernachten, auf feuchten Wiesen bei kalter Witterung, auch nachdem es abends schwere Regengüsse gegeben hatte. Warme Verpflegung gab es auf der ganzen Reise überhaupt nicht, nicht einen Schluck Tee oder Kaffee; die Folge war, dass alsbald zahlreiche Mitgefangene erschöpft am Straßenrand liegen blieben. Sie wurden von den Wachtmeistern vielfach mit den Füssen gestoßen, geschlagen, hin- und hergerissen und schließlich von den SS-Soldaten, die in der Gegend waren, erschossen. In einem Wald zwischen Freising und Moosburg zählte man allein 1271 erschossene Häftlinge aus unseren Reihen (Anmerkung des Autors: Ich habe diese Zahl bewusst angegeben konnte aber zur Höhe keine Belege im Rahmen der Recherchen finden). Als unser Elendszug am Samstag 28. April 1945, bereits Freising in der Richtung München-Dachau passiert hatte, hieß es plötzlich gegen Abend: Umkehren! Dachau war bereits von den amerikanischen Truppen genommen worden, sodass wir nicht mehr hineinkonnten. Es wurde kehrt gemacht und das Ziel war nun, uns so lange hinter und zwischen den Fronten herumzuführen, bis wir alle völlig erschöpft liegen geblieben wären, um dann von den SS den Todesstoß zu erhalten. Ein kleiner Zwischenfall möge die Gesinnung der meisten SS-Soldaten beleuchten. Beim Durchmarsch durch Freising streifte ein Mitgefangener aus Versehen das Motorrad eines vorbeifahrenden SS-Mannes und wurde am Kopf ziemlich verletzt. Obwohl dem Motorradfahrer und seinem Beisitzer keinerlei Schaden geschehen war, zog er seinen Revolver und schrie dem armen verletzten Gefangenen zu: „Du Judenschwein" (es war aber ein

Deutscher) öffne Deine Brust! Und wollte ihn auf der Stelle erschießen. Sein Beisitzer aber rief ihm zu, „lass es, der ist ja keine Kugel wert."

Am 30. April kamen wir gegen Abend in der Ortschaft Unterheldenberg (etwa 14 Kilometer südöstlich von Landshut) an. Wir blieben in einer Scheune über Nacht. Während sich unsere Wachtmeister von den Bauersleuten gut und reichlich bewirten ließen, konnten wir uns völlig erschöpft und mit hungrigem Magen hinstrecken. Am Morgen des 1. Mai war die Witterung kalt und nass, alles war weiß mit Schnee bedeckt. Trotzdem wollte uns unser Anführer, Polizei-Inspektor Todt, wiederum weiterjagen, damit auch der letzte Rest der Gefangenen noch erledigt würde. Nur auf die eindringlichen Vorstellungen und Bitten der guten Leute, in deren Scheunen wir übernachteten, stand er von der sofortigen Durchführung seines Vorhabens ab. Inzwischen kamen die – Gott sei es gedankt – amerikanischen Panzer. Da noch einige SS-Leute im Ort und der Umgebung waren, schossen die Amerikaner in das Dorf und auch durch das Dach der Scheune, worin wir lagen. Da nahmen einige unserer Mitgefangenen, ehemalige Offiziere, ein weißes Tuch, banden es an einen Gabelstiel und liefen den Amerikanern entgegen, die oben auf der Straße vorbeifuhren. Beim Anblick der weißen Fahne stellten diese sofort das Feuer ein. Nachdem unser Dolmetsch ihnen klar gemacht hatte, dass hier im Dorf politische Häftlinge untergebracht seien, fuhr sofort ein amerikanisches Auto in das Dorf, entwaffnete unsere Wachtmeister und nahm sie gefangen. Die Waffen erhielten die ehemaligen Offiziere und Soldaten aus unseren Reihen. Nun waren die Rollen getauscht. Unsere Aufseher und Peiniger waren unsere Gefangenen und wir ihre Wachtposten. Die Stunde der Befreiung hatte geschlagen, nachdem wir bis zuletzt am Rande des Todes gestanden. Wir begrüßten die amerikanischen Soldaten unter lautem Jubel und mit heißem Danke.

Freilich waren die meisten unserer Mitgefangenen bereits ihrem schweren Geschick erlegen. Von den zirka 4.000 Häftlingen, die wir von Straubing wegmarschierten, waren nur mehr 800 – 900 übriggeblieben und diese befanden sich in einem Zustand, dass sie das Erbarmen und Entsetzen der Leute erregten. Viele der vermeintlich auf dem Wege umgekommenen Häftlinge kamen nachträglich, wie von Seelsorgern der von dem Elendszug berührten Gemeinden berichtet wurde, wieder zum Vorschein. Sie hatten sich nur von der Masse getrennt und sich zunächst in den Wäldern versteckt gehalten, bis die Luft rein war. Als wir nun wieder Verpflegung erhielten, vermochten unsere völlig geschwächten Organe die Nahrung nicht mehr zu verarbeiten. Starke Ruhrerscheinungen machten sich bemerkbar. Durch das amerikanische Rote Kreuz und die Militärverwaltung wurde nach Möglichkeit Abhilfe geschaffen. Bis zu ihrer endgültigen Entlassung wurden die politischen Häftlinge in Quartieren untergebracht, hinreichend verpflegt und mit Kleidern und Wäsche versorgt."

Dieser Häftlingsbericht vom 17. Mai 1945 schildert den gesamten Verlauf des Marsches vom Zuchthaus Straubing, weshalb ich ihn auch ungekürzt wiedergegeben habe, da er sich mit einzelnen Zeitzeugen-aussagen sowie anderen Vernehmungen und Meldungen deckt. Bezüglich der Zahl der getöteten und gestorbenen Häftlinge relativiert sich der Zeuge im letzten Teil seiner Aussage selbst. Zudem scheint sich der Marsch aus dem Zuchthaus Straubing zuletzt in viele Einzelmärsche aufgeteilt zu haben.

3.4. Die Toten vom Hospital 1004 auf dem Domberg und weitere Opfer nach der Befreiung

Auf dem Domberg gab es ein Kriegsgefangenenlazarett, was auch Zeugenaussagen bestätigen, insbesondere im Bericht der Kriminaluntersuchungsstelle des Stadtrats Freising vom 19. Dezember 1955, wo davon die Rede ist, dass 40 erkrankte Häftlinge von einem Transport aus Buchenwald vom Kammermüllerhof ins Kriegsgefangenenlazarett verbracht worden sind. Dies bestätigt auch Oskar Steinebach vom Kammermüllerhof in seiner Vernehmung vom 19. Mai 1945, wo er von ungefähr ca. 40 Kranken sprach, die auf dem Anwesen zurückgeblieben sind. Dabei ist es naheliegend, dass die Amerikaner nach der Besetzung von Freising dies als Hospital weiterführten, da es durch das naheliegende KZ Dachau, das Kriegsgefangenenlager in Moosburg, die befreiten Häftlinge der Todesmärsche und den Bombenangriff auf Freising am 18. April genügend Patienten gab. Unterlagen zum Hospital 1004 liegen weder im Staatsarchiv in München noch im Stadtarchiv in Freising vor. Einzig im Sterbebuch der Stadt Freising findet sich in vielen Todesfällen das Hospital 1004 als Todesort.

Im Sterbebuch der Stadt Freising vom 8. Mai bis 16. Juli 1945 findet sich unter 71 Eintragungen 49mal der Hinweis auf ein KZ. Auf den Meldezetteln des Hospitals 1004 auf dem Domberg, die die Grundlage für die Eintragungen in das Sterbebuch bildeten, findet sich bei weiteren zehn Verstorbenen der Hinweis auf ein KZ, womit also bei 59 Verstorbenen ein Hinweis auf ein KZ vorliegt. Dabei reichen die Bezeichnungen von „wohnhaft in KZ" bis „Zivilinternierter aus einem KZ", teilweise mit Angabe des KZs Dachau oder Buchenwald. Die Eintragungen wurden erst gegen Ende des Jahres 1945 vorgenommen, warum war nicht mehr zu klären, ebenso die Tatsache, dass bei zehn

Häftlingen im Sterbebuch der Hinweis des Meldezettels auf ein KZ nicht übernommen wurde.

Bei vier Männern fehlen die Personenangaben, bei allen anderen finden sich alle wesentlichen persönlichen Angaben.

Von den 59 verstorbenen ehemaligen Häftlingen finden sich 40 Namen im Totenbuch der KZ-Gedenkstätte Dachau wieder. Bei vier der Verstorbenen findet sich im Totenbuch der Hinweis, dass diese am 4. und 12. Dezember 1944 von Dachau nach Buchenwald überstellt worden waren.

41 der verstorbenen Häftlinge finden sich in den Karteien der KZ-Gedenkstätte Buchenwald wieder, teilweise mit Fotos und umfangreichen Angaben, auf deren Wiedergabe hier verzichtet wird. Sieben Verstorbene fanden sich nicht in den Unterlagen von Buchenwald.

Daraus ist zu schließen, dass diese 41 Häftlinge Teilnehmer der Todesmärsche von Buchenwald waren. Laut Unterlagen der Gedenkstätte Buchenwald waren vom 7. bis 10. April 1945 28.000 Häftlinge auf sechzig verschiedenen Routen in Richtung der KZ Dachau, Theresienstadt und Flossenbürg in Marsch gesetzt worden. Ein weiterer Beleg dafür sind die Einmarschberichte der Pfarrer der Diözese München/Freising mit zwei Hinweisen. So berichtet Expositus Josef Schmid aus Tüntenhausen, dass am 27. April kurz nach Mittag ca. 850 Häftlinge aus Buchenwald von Zolling kommend nach Freising marschierten (Seite 1396). Auf Seite 232 derselben Quelle wird von Plünderungen durch KZ-Häftlinge aus Buchenwald in Ismaning berichtet.

Ein verstorbener Häftling war der im Zuchthaus Straubing inhaftierte Backhuysen-Schuld. Johann Backhuysen-Schuld, bei dem im Sterbe- buch Zivilinternierter in einem KZ angegeben war, war zuletzt Insasse des Zuchthauses Straubing und mit dem Häftlingsmarsch nach Hallbergmoos gelangt. Sein Schicksal konnte ebenso wie das des in Hallbergmoos verstorbenen Albert Labro über die ITS Bad Arolsen nachvollzogen werden – siehe Kapitel 6.1. und 6.2.

Drei männliche Häftlinge unbekannten Namens waren am 29. April und 2. Mai 1945 im Kammermüllerhof verstorben und auf Befehl eines amerikanischen Offiziers unweit des Hofes beerdigt worden.

Ein männlicher Häftling war am 27. April 1945 in der General-von-Nagel-Straße erschossen worden.

Damit waren diese 46 aufgeführten Häftlinge Teilnehmer der Todes- märsche und des Häftlingsmarsches aus dem Zuchthaus Straubing.

Die restlichen 25 Eintragungen setzen sich wie folgt zusammen:

Fünf der 59 Verstorbenen waren Inhaftierte im KZ Dachau und dort am 29. April befreit worden.

Zwei waren serbische Kriegsgefangene.

Ein verstorbener Häftling war durch die Amerikaner in Buchenwald entlassen worden.

Bei 10 Verstorbenen konnten keine näheren Angaben über einen KZ bzw. Zuchthausaufenthalt ermittelt werden.

Sieben Verstorbene waren keine Häftlinge im KZ Buchenwald

In den Sterbebüchern der Orte Sünzhausen, Attaching, Haindlfing und Pulling fanden sich keine Eintragungen mit Hinweis auf KZ-Tote.

Lediglich im Sterbebuch von Tüntenhausen finden sich unter den laufenden Nummern 8 und 9/1947 die Eintragungen zweier verstorbener Konzentrationslagerhäftlinge, wahrscheinlich aus Buchenwald mit den auf dem Grabstein vermerkten Häftlings-nummern (siehe Ziffer 2.2).

Nach einer Meldung des Stadtkreises Freising vom 18. August 1946 wird mit Todestag 6. Mai 1945 ein unbekannter Toter gemeldet mit dem Eintrag „der Häftling vom KZ-Lager Buchenwald von dem nur der Vorname bekannt ist" wurde im Friedhof Neustift Reihe IV Nr. 6 beerdigt.

In Moosburg verstarben laut Sterbebuch der Stadt am 12., 13. und 26. Mai drei ehemalige Häftlinge, von denen zwei zuletzt im KZ Buchenwald inhaftiert waren, wie die dortige KZ-Gedenkstätte bestätigte. Ein Häftling kam aus dem Zuchthaus Straubing, wie in der dortigen Häftlingskartei festgehalten ist. Von zwei weiteren Toten, verstorben am 6. und 7. Mai konnte weder das Zuchthaus Straubing noch das KZ Buchenwald als Herkunftsort bestätigt werden, wie die dortigen Archive mitteilten. Weiterhin existieren aus einem Schreiben des Bayerischen Kriminalamtes vom 12. November 1955 zwei Grabmeldungen vom 21. und 26. Oktober 1946. Darin wird bestätigt, dass je ein unbekannter politischer Häftling am 30. April 1945 tot auf-gefunden wurde. Beide wurden in einem Doppelgrab auf dem Kirchenfriedhof Moosburg Feld 3, Reihe 6 Grab 15 bestattet.

In Hallbergmoos fanden sich im Sterbebuch der Gemeinde die Angaben zu dem verstorbenen Albert Labro. Siehe Abbildung auf der nächsten Seite. Interessant der Vermerk „Transport vom Zuchthaus Straubing nach KZ Dachau".

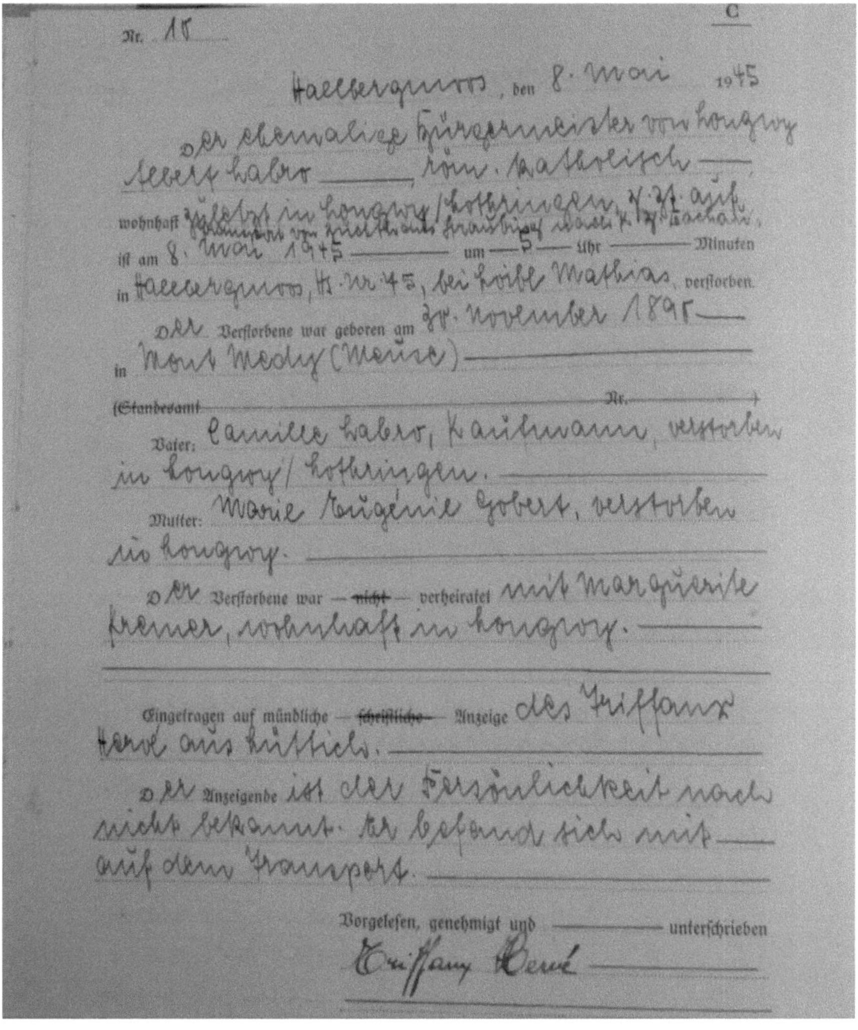

Abbildung 9: Sterbebucheintrag Albert Labro.

In Appercha verstarb der Pole Madey Woyciech (Kapitel 3)

4. Zwei Einzelschicksale

4.1. Johann Backhuysen-Schuld

Ein Häftlingsschicksal, das teilweise nachvollzogen werden konnte, sei hier angeführt. Es handelt sich um Rechtsanwalt Johann Backhuysen-Schuld, geboren am 26. Juni 1893 in Rotterdam, evangelisch verheiratet, wohnhaft in Den Haag. Laut Standesamtsliste war er „Zivilinternierter in einem KZ". Tatsächlich rettete er sich am 2. Mai 1945 zu Frau Selmayr ins Schlossgut Erching, wie sich Sohn Josef erinnert und im Kalender seiner Mutter vermerkt ist. Hier wurde er sehr gut behandelt, wie er schriftlich für seine Frau festhielt. Am 26. Mai 1945 verstarb er in Freising am Domberg 27, Todesursache schwere allgemeine Erschöpfung, Kreislauflähmung. Im August 1945 erfuhr seine Frau in Den Haag vom Roten Kreuz vom Tod ihres Mannes. Am 27. April 1947 erhielt seine Frau den Nachlass ihres Mannes aus Deutschland, wie sie in einem Brief vom selbigen Tag der Familie Selmayr mitteilte. Darunter befanden sich auch Aufzeichnungen ihres Ehemannes über seinen Aufenthalt bei Familie Selmayr. Des Weiteren erkundigte sich seine Frau über die näheren Umstände bezüglich ihres Mannes und dankte der Familie für das, was sie für ihren Mann getan haben (der Brief wurde mir freundlicherweise von Josef Selmayr in Kopie zur Verfügung gestellt). Die ITS Bad Arolsen konnte die Stationen von Backhuysen-Schuld rekonstruieren. So wurde er am 20. Februar 1942 in das Zuchthaus Rheinbach eingeliefert, Gefangenenbuchnummer 967/41, Vollstreckungsbehörde: „Feldgericht des Kom. Gen & Befehlshaber im Luftgau Holland", Strafentscheidung: 21. Oktober 1941, Straftat: wegen Feindbegünstigung, Dauer der zu vollstreckenden Strafe lebenslang, Straf- und Verwahrungszeit: Beginn: 21.11.1941, Ende: Lebensende (Teilbestand: 1.2.2.1, Dokument ID: 11608297 -Listenmaterial Gruppe

PP). Vom 19. April bis 15. September 1943 im Zuchthaus Siegburg inhaftiert, Vermerk: entlassen nach Gefängnis Straubing (Teilbestand 1.2.2.1, Dokument ID: 11362704 und Dokument ID: 11478427 – Listenmaterial Gruppe PP). Weiterhin ist sein Todestag und Sterbeursache festgehalten sowie die exakte Grabangabe. Die entsprechenden Angaben stammten von deutschen Behörden, die diese nach Kriegsende an die Besatzungsmächte für alle Kriegsgefangenen, Zwangsarbeiter, KZ-Häftlinge und Verstorbene melden mussten. Soweit zu diesem Einzelschicksal, das dem von Albert Labro ähnelt.

4.2. Albert Labro

Am 8. Mai 1945 um 5 Uhr morgens verstarb der KZ-Häftling und ehemalige Bürgermeister von Longwy im Haus Nummer 75 in Hallbergmoos. Labro war vom 1. September 1940 bis 11. Juli 1943 Bürgermeister von Longwy. Der Sterbebucheintrag in der Gemeinde wurde von Here Triffaux veranlasst. Nach dem Matrikelbucheintrag von Pfarrer Morath wurde Albert Labro am Sonntag 13. Mai 1945 unter reger Anteilnahme der Bevölkerung beerdigt. Im November 1946 wurde er exhumiert und nach Frankreich überführt. Das nachfolgende Gedenkblatt stammt aus seiner Heimatstadt Longwy.

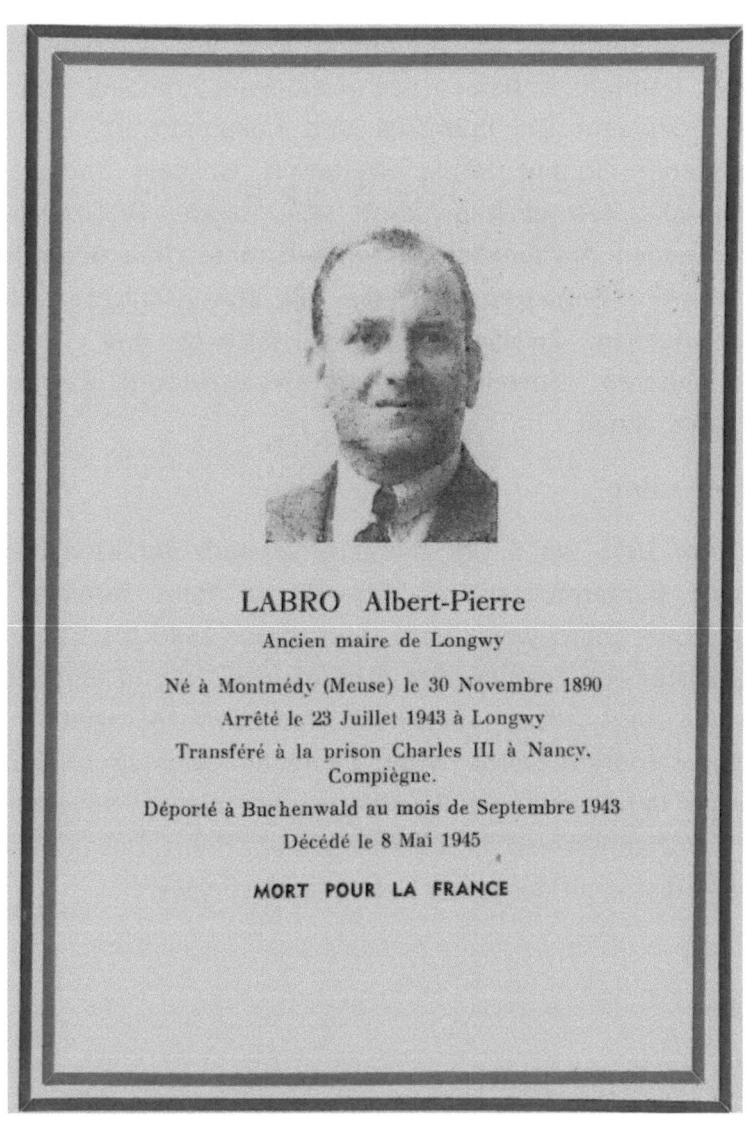

LABRO Albert-Pierre

Ancien maire de Longwy

Né à Montmédy (Meuse) le 30 Novembre 1890
Arrêté le 23 Juillet 1943 à Longwy
Transféré à la prison Charles III à Nancy,
Compiègne.
Déporté à Buchenwald au mois de Septembre 1943
Décédé le 8 Mai 1945

MORT POUR LA FRANCE

Abbildung 10: Archiv Longwy

Wie dem nachfolgenden Sterbebucheintrag von Longwy entnommen werden kann, ist sein Tod mit 8. Mai 1945 in Hallbergmoos vermerkt, ebenso die Exhumierung und Überführung nach Frankreich am 26. November 1946. Der Zusatz „Mort pour la France" wurde mit Dekret vom 16. Mai 1956 beschlossen. Zu sehen sind auch die Eintragungen seiner Ehefrau und seines Kindes.

Abbildung 11: Archiv Longwy

Wie kam es zur Verhaftung von Albert Labro?

Die nachfolgenden Hinweise dazu sind einer dreiseitigen Vorlage der Stadt Longwy entnommen. Albert Labro wurde am 29. Juli um 6 Uhr morgens verhaftet und ins Gefängnis Briey gebracht und verhört. Ursache war eine anscheinend gescheiterte Flucht eines Engländers über Belgien. Labro hatte dazu den Fluchthelfer Bath eingeschaltet. Die Ehefrau von Labro, die sich im Urlaub in den Vogesen befand und sofort zurückkehrte, wurde ebenfalls verhaftet und ins selbe Gefängnis verbracht. Anschließend wurde das Ehepaar Labro zusammen mit anderen Verhafteten dieser Fluchthilfe ins Gefängnis Charles III Nancy verlegt. Von dort kam Frau Labro zusammen mit anderen Ende November frei. Ihr Mann wurde nach Saint Gilles bei Brüssel verlegt, wo er zur Deportation nach Deutschland verurteilt wurde. Nach den Angaben im Internet unter www.memorial-genweb.org kam er ins KZ Buchenwald und dann ins Zuchthaus Straubing. Seine Frau durfte ihm alle paar Wochen ein Paket schicken.

Sachverhalt nach Dokumenten der International Tracing Service (ITS) Bad Arolsen:

Auf Grund von Dokumenten des ITS Bad Arolsen müssen die Angaben der Aufenthalte im Internet korrigiert werden. So belegt die Karteikarte aus dem Zuchthaus Rheinbach (Karteikarte Albert Labro, 1.2.2.1/ 11611504, ITS Digital Archive, Bad Arolsen) dass Albert Labro dort am 11. August 1944 um 15 Uhr von Brüssel kommend, eingeliefert wurde. In einer alphabetischen Liste Seite 93 des Zuchthauses Rheinbach (Zuchthaus Rheinbach, 1.2.2.1./ 11362417, ITS Digital Archive, Bad Arolsen) ist hinter Albert Labro aufgeführt, dass er wegen Feindbegünstigung zu fünf Jahren Zuchthaus verurteilt wurde. Eine weitere Liste J der Gemeinde Kassel (Listenmaterial Gruppe PP/Strafanstalt und Untersuchungshaftanstalt Kassel 1.2.2.1/ 11549418, ITS Digital Archive, Bad Arolsen) führt Albert Labro unter dem 11. August 1944 unter Zuchthaus Rheinbach auf. Auf einer Liste F (Listenmaterial Gruppe PP/Strafanstalt und Untersuchungshaftanstalt Kassel 1.2.2.1 /11549387, ITS Digital Archive, Bad Arolsen) aus Kassel über vorübergehenden Aufenthalt ist Albert Labro vom 22.09.44 bis 29.03.45 unter der Strafanstalt Kassel geführt. In dem ITS-Dokument 214 (Listenmaterial Gruppe PP/ Strafanstalt Straubing, 1.2.2.1 /

70

11507682, ITS Digital Archive, Bad Arolsen), ausgestellt von der Stadt Straubing am 18.08.1946 ist eine Inventarliste (persönliches Eigentum oder persönliche Habe) von Albert Labro aufgeführt.

Daraus kann gefolgert werden, dass Albert Labro nach dem 29. März 1945 nach Straubing verlegt worden ist, da von dem dortigen Zuchthaus eine Inventarliste auf seinen Namen ausgestellt wurde.

5. Was geschah mit den toten Häftlingen?

Die während der Märsche erschossenen Häftlinge wurden in der Regel durch die Bestattungstrupps der Todesmärsche mehr oder minder notdürftig verscharrt. Teilweise veranlassten die Amerikaner nach dem Einmarsch die Umbettung auf die Friedhöfe, in anderen Fällen veranlasste das Landratsamt Freising die Umbettung auf die Friedhöfe der jeweiligen Gemeinden. In Einzelfällen war auch die Beerdigung durch den Pfarrer veranlasst worden – vergleiche Appercha. Bis zur Umbettung durch eine französische Delegation 1955 und 1958, die im Anschluss beschrieben wird, wurden die Gräber in den Gemeinden gepflegt, wofür diese eine Entschädigung erhielten.

Umbettungen durch eine französische Delegation

Der Großteil der während der Märsche getöteten und verstorbenen Häftlinge wurde von einer französischen Umbettungsdelegation 1955 in den Waldfriedhof Dachau sowie überwiegend 1958 in die KZ-Gedenkstätte Flossenbürg umgebettet. Die nachfolgenden Unterlagen stammen aus der entsprechenden Akte dieser Delegation aus der Stiftung KZ-Gedenkstätten in Bayern, die auszugsweise samt den vorhandenen Fotos mit freundlicher Genehmigung der Stiftung veröffentlicht werden. Dabei sollen die einzelnen Fotos für sich sprechen. Eine Identifizierung bei diesen Umbettungen war nicht mehr möglich, da die Häftlinge keine Dokumente bei sich trugen. Alle Umbettungen wurden von der Kommission nach Gemeinden, Zahl der Umgebetteten und neuer Grablage festgehalten. Die Abbildung 12 zeigt ein Dokument aus der Umbettungsakte der Gemeinde Hohenbachern. Dabei ist am oberen Rand angegeben, in welchen Gräbern in Flossenbürg die Toten umgebettet wurden.

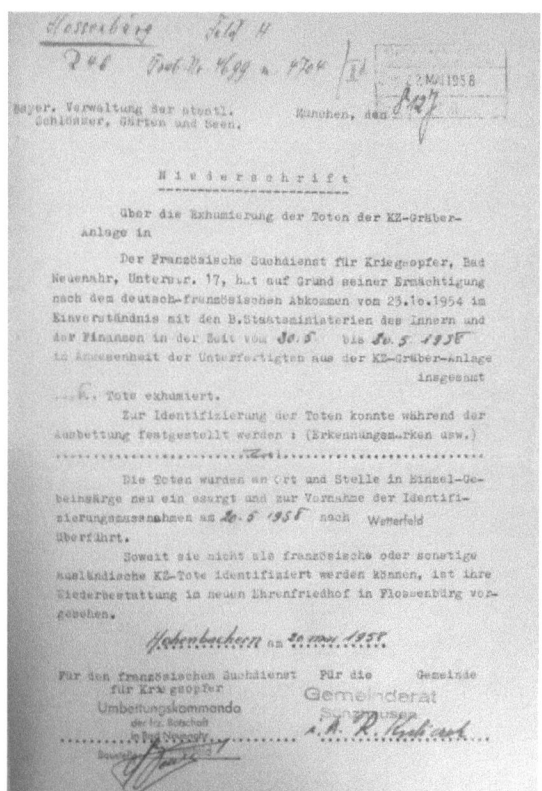

Abbildung 12: Niederschrift über Exhumierung

Das nachfolgende Foto aus der KZ-Gedenkstätte Flossenbürg zeigt die Umbettungsorte über einem Umbettungssarg. Die Umbettung der Toten aus Inkofen am 28.11.1955 in den Waldfriedhof Dachau erfolgte auf Grund der Tatsache, dass der Ehrenfriedhof in Flossenbürg erst in den Jahren 1957 bis 1960 entstand. Dabei wurden drei von den Begleitkommandos erschossene, unbekannte Häftlinge, sowie ein Toter aus dem Höllgraben umgebettet. In Flossenbürg fanden letztendlich über 5.500 auf den Todesmärschen getötete oder verstorbene Häftlinge ihre letzte Ruhestätte.

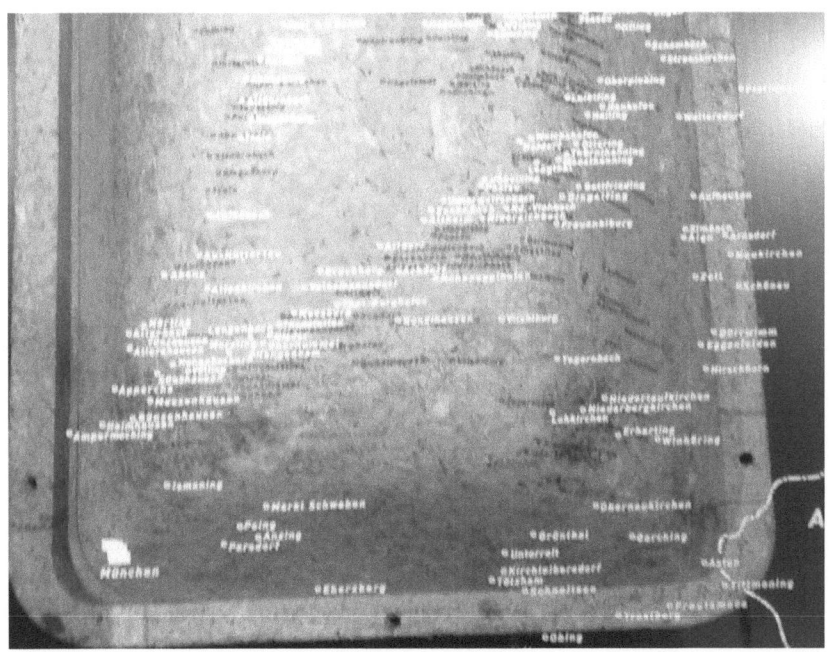

Abbildung 13: Umbettungssarg KZ-Gedenkstätte Flossenbürg mit Orten von Toten

Im Folgenden sind die Orte mit Toten sowie Umbettungsunterlagen aufgeführt. Soweit die Pfarrer der Diözese München-Freising dazu in ihren Einmarschberichten über tote Häftlinge schrieben, ist dies vermerkt, ebenso die Angabe der Toten aus den Fragebogen der Gemeinden vom Frühjahr 1947. Die Fotos der ursprünglichen Gräber stammen aus den Akten der französischen Umbettungsdelegation und wurden von mir abfotografiert. Die Stiftung KZ-Gedenkstätten hat die Veröffentlichung der Fotos durch Herrn März genehmigt.

In die KZ-Gedenkstätte Flossenbürg umgebettete tote KZ-Häftlinge

Abens: drei von den Begleitkommandos am 21./22.4 1945 erschossene, unbekannte Häftlinge am 21.5.1958. Bestätigt vom katholischen Pfarramt am 6.3.46 und den Fragebogen aus Atten- und Hirnkirchen.

Aiterbach: ein unbekannter Toter vom 21.4.1945 am 21.5.1958, bestätigt im Fragebogen vom 4.4.47.

Allershausen: zwei unbekannte Tote am 21.5.1958. Abbildung 14 zeigt das Grab vor der Umbettung.

Abbildung 14: Grab in Allershausen

Attenkirchen: ein durch die Begleitmannschaften erschossener, unbekannter Toter am 21.5.1958, bestätigt im Fragebogen vom 1.4.47. Abbildung 15 zeigt das Grab in Attenkirchen vor der Umbettung.

Abbildung 15: Grab in Attenkirchen

Bruckberg: zwei unbekannte Tote von Mitte April 1945 am 19.5.1958, wovon einer im Fragebogen vom 14.47 aufgeführt ist. Abbildung 16 zeigt das Grab vor der Umbettung.

Abbildung 16: Grab in Bruckberg

Günzenhausen: drei von der SS erschossene, unbekannte Häftlinge am 20.5.1958, bestätigt im Fragebogen vom 8.4.47. Vergleiche dazu den Bericht von Pfarrer Kolb aus Fürholzen auf Seite 1364 der Einmarschberichte. Zudem liegt dazu von der Gemeinde eine Gräber-liste aus dem Jahr 1953 vor, in der drei unbekannte KZ-Insassen vermerkt sind, erschossen am 25.4.1945, beerdigt auf der Südostseite des Friedhofs.

Abbildung 17 zeigt die drei Gräber in Günzenhausen vor der Umbettung.

Abbildung 17: Grab in Günzenhausen

Hangenham: ein an Erschöpfung gestorbener Häftling aus dem Zuchthaus Straubing am 17.5.1958, bestätigt mit Formular Kat. II Form 4 vom 25.7.46.

Hohenbachern: sechs durch die Begleitmannschaft (SS) erschossene, unbekannte Häftlinge am 20.5.1958. Diese in Hohenbachern beerdigten sechs Toten finden sich in dem Landpolizeibericht vom 22.12.1955. Abbildung 18 zeigt das Grab vor der Umbettung.

Abbildung 18: Grab in Hohenbachern

Langenbach: acht von Angehörigen der Begleitmannschaft am 28.4.1945 erschossene unbekannte Häftlinge am 16.5.1958. Der

Fragebogen ohne Datum spricht von neun Toten. Vergleiche dazu den Bericht von Expositus Stephan Fuchs auf Seite 1387 der Einmarschberichte. Abbildung 19 zeigt das Grab vor der Umbettung.

Abbildung 19: Grab in Langenbach

Marzling: ein am 29.4.1945 an Erschöpfung verstorbener, unbekannter Toter am 16.5.1958, bestätigt im Fragebogen vom 13.4.47. Abbildung 20 zeigt das Grab in Marzling vor der Umbettung.

Abbildung 20: Grab in Marzling

Massenhausen: drei von der Begleitmannschaft Ende April erschossene, unbekannte Häftlinge am 20.5.1958, bestätigt im Fragebogen ohne Datum. Vergleiche dazu den Bericht von Pfarrvikar

Kaspar Roßnagl auf Seite 1388 der Einmarschberichte. Abbildung 21 zeigt das Grab in Massenhausen.

Abbildung 21: Grab in Massenhausen

Moosburg: fünf unbekannte Tote am 19.5.1958. Eine Liste der Stadt Moosburg führte allerdings sieben Namen auf. Vergleiche dazu den Bericht von Stadtpfarrer Alois Schimmel auf Seite 847 der Einmarschberichte. Abbildung 22 zeigt das Grab vor der Umbettung.

Abbildung 22: Grab in Moosburg

Niederhummel: ein unbekannter Toter vom Ende April 1945 am 17.05.1958. Aus Niederhummel liegt kein Fragebogen vor. Dafür ist im

Fragebogen von Oberhummel vom 21.4. von zwei Toten die Rede, wovon je einer in Ober- und Niederhummel beerdigt wurde. Abbildung 23 zeigt das Grab vor der Umbettung.

Abbildung 23: Grab in Niederhummel

Nörting: ein vom Begleitkommando erschossener, unbekannter Häftling vom Ende April 1945 am 21.5.1958, bestätigt im Fragebogen vom 3.4.47.

Oberhummel: zwei unbekannte Tote, Todesursache unbekannt, am 17.5.1958, bestätigt im Fragebogen vom 21.4.47, wovon einer in Niederhummel beerdigt wurde. Abbildung 24 zeigt das Grab vor der Umbettung.

Abbildung 24: Grab in Oberhummel

Sünzhausen: zwei von dem Begleitkommando erschossene, unbekannte Häftlinge vom Ende April 1945 am 20.5.1958, bestätigt im Landpolizeibericht vom 22.12.1955. Abbildung 25 zeigt das Grab vor der Umbettung.

Abbildung 25: Grab in Sünzhausen

Thonstetten: zehn unbekannte Tote am 19.5.1958, bestätigt im Fragebogen vom 30.3.47 sowie Formular Kat. II Form 4 vom 12.8.46.

Tünzhausen: zwei an Erschöpfung am 24. oder 25.4.1945 verstorbene, unbekannte Häftlinge am 21.5.1958, bestätigt von Pfarrer Zille.

Wang: sieben durch das Begleitkommando im Schlossgraben zu Isareck erschossene, unbekannte Häftlinge am 19.5.1958, bestätigt im Fragebogen vom 1.4.47. Vergleiche dazu den Bericht von Pfarrer Qurin Zacherl auf Seite 856 der Einmarschberichte. Abbildung 26 zeigt das Grab vor der Umbettung.

Abbildung 26: Grab in Wang

Neue Erkenntnisse zu zwei Toten aus Wang/Bruckbergerau

In einem Bericht der Landpolizeistation Moosburg vom 25.10.1955 gem Akte StAm Nr 34481 Blatt 18/19 protokollierte der Polizeimeister Schloßnagel, dass er am 24.11.1945 bei der Exhumierung der Leichen in Isareck(Wang) und Bruckbergerau selbst anwesend war. Dabei konnte von zwei Leichen in Isareck die Häftlingsnummern 132 307 und 983 208 festgestellt werden, bei der Leiche in Bruckbergerau die Häftlingsnummer 68348. Eine Anfrage bei der ITS Bad Arolsen ergab dazu folgendes Ergebnis:

Unter der Nummer 132 307 des KZ Buchenwald konnte Kazimierz Stypulkowski geb. 7. Oktober 1894 in Warschau ermittelt werden (Häftlingsbogen Kazimierz Stypulkowski 1.1.5.3/7213245 ITS Digital Archive Bad Arolsen) und

unter der Nummer 68 348 des KZ Buchenwald konnte Stepan Karelin, geb. 19. Dezember 1919 in Marschtschikinskaja, wohnhaft in Wilsk, Provinz Archangelsk ermiitelt werden (Häftlingskartei Buchenwald gem. Mail vom 25.04.2019).

Die Nummer 983208 findet sich auf 5.3.2/84612491 ITS Digital Archive Bad Arolsen.

So wurden nach den Akten in der Stiftung KZ-Gedenkstätten 1955 und 1958 insgesamt 63 Tote aus dem Landkreis Freising durch eine französische Delegation in die KZ-Gedenkstätte Flossenbürg umgebettet.

Keine Unterlagen zu Umbettungen der französischen Delegation fanden sich zu den Toten aus Appercha, Freising, Rudlfing und Tüntenhausen.

Umbettungsunterlagen der KZ-Gedenkstätte Flossenbürg

Die KZ-Gedenkstätte Flossenbürg hat insgesamt 63 Umbettungen aus dem Landkreis Freising bestätigt. In der Liste der KZ-Gedenkstätte Flossenbürg sind der

in Appercha erschossene Woyciech,

zwei Tote aus Allershausen und

ein Toter aus dem Friedhof Freising-Neustift aufgeführt, die in den Unterlagen der französischen Delegation fehlen. Die Toten wurden in Flossenbürg im

Feld H Reihe 4a Nummern 4685-4687

Feld H Reihe 4b Nummern 4688-4716

Feld H Reihe 1a Nummern 4717-4721

Feld J Reihe 1a Nummern 4722-4747

bestattet.

Im Archiv der KZ-Gedenkstätte Flossenbürg findet sich ein Plan der französischen Umbettungsdelegation mit exakter Lage der einzelnen Gräber.

Abbildung 27 vom April 2019 zeigt einen Blick auf den Ehrenfriedhof in der KZ-Gedenkstätte Flossenbürg. Auf dem Friedhof stehen nur einzelne Gruppen von Kreuzen ohne Namen.

Abbildung 27: Gräberfeld in der KZ-Gedenkstätte Flossenbürg

In der Liste aus Flossenbürg fehlen die vier Toten aus Inkofen, die 1955 durch die französische Delegation in den Waldfriedhof Dachau umgebettet worden sind.

Damit bleibt einzig der Verbleib des Toten aus Rudlfing ungeklärt.

Umbettungsunterlagen des Archivs der Stadt Dachau auf den dortigen Waldfriedhof

Nach der Liste der Terrassengräber im Dachauer Waldfriedhof (Stand 1972) sind insgesamt 36 Personen zwischen 1955 und 1964 aus Freising, Eching und Inkofen dorthin umgebettet worden. Dabei handelt es sich um

4 Tote aus Inkofen, die am 28.11.1955 aus dem Grab von Abbildung 28 umgebettet wurden.

Abbildung 28: Grab in Inkofen

29 Tote aus Freising, davon einer aus Vötting, der am 16. Mai 1958 und 28 Tote aus Neustift, die am 2./3. Juli 1958, sowie

3 Tote aus Eching, die am 25. November 1964

umgebettet worden sind.

Die Namen und weiteren Daten aller Toten sind unbekannt. Lediglich von dem unter der Nummer 958 in der Liste eingetragenen Toten ist handschriftlich vermerkt, dass es sich um Joseph Lejenne, geb. am 3. April 1914 in Aywaille/Belgien handelt, verstorben am 29. April 1945. Er wurde 1961 nach Belgien überführt.

Abbildung 29 zeigt die terrassenförmig angelegte Grabanlage auf dem Waldfriedhof Dachau. An den Bildrändern sind zwei Personen zu erkennen, die die Grabsteine säubern und die Schrift erneuern.

Abbildung 29: Gräberfeld auf dem Waldfriedhof Dachau

Weitere Schicksale

Die beiden verhungerten Häftlinge aus Tüntenhausen ruhen immer noch mit den deutschen Soldaten in einem gemeinsamen Grab.

Albert Labro wurde im November 1946 exhumiert und in seine Heimatstadt Longwy überführt.

Die drei beim Kammermüllerhof verstorbenen Häftlinge waren nach dem Bericht der Kriminal-Untersuchungskommission des Stadtrats Freising vom 19. Dezember 1955 am 19. Juni 1953 von einer französischen Kommission exhumiert und nach Überprüfung durch die Kommission am 13. Oktober 1953 im Friedhof Neustift wieder beerdigt worden.

Beerdigungen und Umbettungen des Friedhofs Neustift

Für die Beerdigungen auf dem Friedhof Neustift gilt es zu bedenken, dass dort auch etliche der über 200 Toten vom Luftangriff auf Freising vom 18. April 1945 in einem Massengrab bestattet worden sind.

Für die auf dem Friedhof Neustift beerdigten Häftlinge gibt es eine Liste der ITS Bad Arolsen, die auf Meldungen aus den Nachkriegsjahren beruht und die genaue Grablage angibt. Darin sind insgesamt 83 Tote aufgeführt. Davon ist bei 14 unbekannten Toten aufgeführt, dass sie vermutlich KZ-Häftlinge waren (vgl. Bericht 21. Sammelblatt Historischer Verein, wo von 15 bis 20 Toten die Rede ist).

Neun Tote der Liste der ITS finden sich nicht in der Standesamtsliste Freising.

Von den 68 namentlich aufgeführten Toten waren 41 Häftlinge im KZ Buchenwald, wie Nachforschungen der Gedenkstätte ergaben.

Bei zwei namentlich bekannten Toten aus dem Hospital 1004 konnte in der ITS Bad Arolsen deren weiteres Schicksal nicht ermittelt werden. Auch Umbettungen aus dem Friedhof Neustift liegen dort nicht vor.

Im Matrikelbuch von Neustift als auch von St. Georg finden sich keine entsprechenden Eintragungen von Bestattungen.

Im Freisinger Tagblatt vom 11. Februar 1958 findet sich ein Artikel über die Exhumierung von 35 italienischen Kriegsgefangenen, die exhumiert wurden und anschließend in die Heimat überführt worden sind. Davon waren 34 im Lazarett auf dem Domberg verstorben, einer war KZ-Häftling.

In der KZ-Gedenkstätte Flossenbürg ist nur ein umgebetteter Häftling aus Neustift aufgeführt.

Der Umbettungsbericht der französischen Delegation der Stiftung KZ-Gedenkstätten führt keine Umbettungen aus Neustift auf.

Fazit

Bei den Umbettungen durch die französische Delegation in den Jahren 1955 und 1958 in den Waldfriedhof Dachau und die KZ-Gedenkstätte Flossenbürg konnten keine Namen der Toten festgestellt werden. Nur die Schicksale von Albert Labro und der beiden in Tüntenhausen beerdigten Häftlinge sind bekannt.

Das Gros der Gräber auf dem Friedhof Neustift wurde vermutlich aufgelassen, da es Massengräber der Bombenopfer vom 18. April 1945 sowie solche von Todesmärschen, von verstorbenen Häftlingen und weiteren Personen (z.B. Zwangsarbeiter und ehemalige Kriegsgefangene) aus dem Hospital 1004 auf dem Domberg waren.

6. Erinnerungskultur

6.1. im Großraum München

Diesem Kapitel möchte ich die Worte unseres Außenministers Heiko Maas beim Besuch des Holocaustdenkmals in Berlin am 27. Januar 2019, dem Holocaustgedenktag seit 1996, voranstellen, wo er mit den Worten „Zukunft braucht Erinnerung" die Problematik kurz und prägnant schilderte. In diesem Kapitel will ich mich auf Grund des Buchtitels bewusst auf unsere nähere Umgebung, den Großraum München, beschränken. Direkt vor unserer Haustür lag das erste Konzentrationslager, das KZ Dachau. Eine lange Zeit nach Kriegsende diente das ehemalige KZ Dachau als Flüchtlingsunterkunft, bis am 5. August 1960 die Weihe des Sühnemals erfolgte. Die zu diesem Anlass erschienene Broschüre mit dem Titel „Wie war das im KZ Dachau?", die mir als 5. Auflage von 1963 vorliegt, schildert auf Seite 64, tituliert „die letzten Schreckenstage", die Befreiung des KZ durch die Amerikaner. Dabei ist von den vom KZ Dachau ausgehenden Todesmärschen keine Rede. Die spätere Errichtung der KZ-Gedenkstätte ging auf eine Initiative und Pläne der überlebenden Häftlinge mit Unterstützung des Bayerischen Staates im Jahr 1965, also zwanzig Jahre nach Kriegsende, zurück. Auch in der zwanzigbändigen Brockhaus Enzyklopädie aus dem Jahr 1973 taucht das Wort Todesmärsche nicht auf.

Wie also kam es zu dem Gedenken an die Todesmärsche? Auslösender Faktor für die Gedenkkultur im Würmtal bildete die Facharbeit von Mathias Hornstein vom Februar 1985 mit dem Thema „der Judenfriedhof von Gauting". Darin stellte er fest, dass viele Tote nach Kriegsende verstorben waren, als Überlebende von Todesmärschen, die dann im Lazarett verstorben waren. Daraufhin bildeten sich Jugendinitiativen, die das Gedenken an die Opfer in der Region wachhalten wollten. So lagen schließlich Bürgermeister Ekkehard Knoblauch von Gauting 1985 drei Anträge auf dem Tisch. Der erste Antrag sollte an Flucht und Vertreibung, der zweite die deutsche Teilung thematisieren und der dritte der Opfer des Faschismus gedenken. Bürgermeister Knoblauch entschied sich für ein Denkmal für die Opfer von Faschismus, um des rund zweistündigen Todesmarsches durch die Gemeinde Gauting zu erinnern. Die Gemeinde schrieb einen Wettbewerb aus, zu dem schließlich 60 Arbeiten eingereicht wurden. Die Entscheidung fiel auf den Bildhauer Hubertus von Pilgrim, dessen Werk am 12. Juli 1989 in Gauting enthüllt wurde.

Abbildung 30: Denkmal Hubertus von Pilgrim

Das Foto zeigt das Denkmal anlässlich des 19. Gedenkmarsches im Frühjahr 2016. Die anfänglich skeptischen anderen am Todesmarsch gelegenen Gemeinden entschlossen sich sukzessive mit dem gleichen Mahnmal der Todesmärsche zu gedenken, sodass nun 22 Denkmäler von Hubertus von Pilgrim und vier andere entlang der Todesmarschstrecke liegen. 1998 begannen dann um die Jahreszeit der Todesmärsche die Gedächtnismärsche entlang der damaligen Strecke unter Beteiligung von ehemaligen KZ-Häftlingen.

6.2. im Landkreis Freising

Nach Kriegsende gab es in etlichen Gemeinden des Landkreises Gräber von ehemaligen KZ-Häftlingen, die die Todesmärsche nicht oder nur kurz überlebt hatten. In Tüntenhausen waren diese zusammen mit acht deutschen Soldaten beerdigt worden, wie die Abbildung 31 belegt.

Abbildung 31: Grabstein in Tüntenhausen

Das Foto entstand zum 70. Jahrestag des Todes der beiden Häftlinge, als ihnen auf Veranlassung von Dr. Hoyer mit der Zusatztafel ihre Namen zurückgegeben wurden.

Das erste mir bekannte schriftliche Dokument über die Todesmärsche ist das 21. Sammelblatt des historischen Vereins Freising aus dem Jahr 1950, das vorwiegend den Marsch der Häftlinge des Zuchthauses Straubing (vgl. Kapitel 3) dokumentiert. Mit der Umbettung der toten KZ-Häftlinge aus den Gräbern in den einzelnen Gemeinden in den Jahren 1955 und 1958 durch eine französische Delegation zum Waldfriedhof Dachau und überwiegend auf den Friedhof der neuen KZ-Gedenkstätte Flossenbürg verschwanden auch äußerlich sichtbare Zeichen der Todesmärsche. Der nächste mir bekannte Beitrag ist ein Artikel von Dr. Hoyer in der Süddeutschen Zeitung vom 27. April 1995, also zum 50. Jahrestag der Todesmärsche durch den Landkreis unter dem Titel „Eine Spur des Todes zieht sich durch den Landkreis Freising", mit dem Untertitel „Vor 50 Jahren KZ-Häftlinge auf offener Straße erschossen und erschlagen". In dem Artikel werden Routen geschildert und rund 130 Tote aufgeführt, die einst auf Friedhöfen im Landkreis Freising bestattet wurden. Als Quellen finden sich überwiegend Eintragungen aus Sterbe- bzw. Matrikelbüchern sowie Zeitzeugen.

Die nächsten umfassendsten Schilderungen beinhalten die im Vorwort bereits erwähnten Einmarschberichte der Pfarrer der Diözese München-Freising aus dem Jahr 1945, veröffentlicht im zweibändigen Werk im Jahr 2005. Diese sind besonders authentisch, da sie teilweise unverzüglich nach den Ereignissen niedergeschrieben worden waren.

Im Jahr 2015 erschienen zwei Aufsätze von mir zum Thema der Todesmärsche, die auch Grundlage dieses Buches bilden. Der erste

Aufsatz erschien im Freisinger Stadtmagazin Fink im April 2015 zum 70. Jahrestag der Todesmärsche durch den Landkreis Freising. Dazu veröffentliche das Freisinger Tagblatt den Aufsatz „Appercha und die Todesmärsche im April 1945", wo auch die Erlebnisse eines Überlebenden geschildert wurden. Am 26. Juli 2017 veröffentlichte der Landkreisanzeiger Ismaning, Hallbergmoos, Aschheim, Feldkirchen, Kirchheim/Heimsteten, Landsham, Poing, Pliening Auszüge aus meinem Aufsatz „Schreckensbilanz der Todesmärsche", worin zweifelsfrei festgestellte Tote dieser Märsche aufgeführt sind.

In Hallbergmoos wurde 1965 zum 90-jährigen Jubiläum des Krieger- und Veteranenvereins in der Festschrift auf Seite 7 des ehemaligen Bürgermeisters von Longwy, Albert Labro, gedacht, der „die Strapazen des KZ-Transports nicht überstand" und am 8. Mai 1945 in einer Scheune verstorben war, wie es im Sterbebuch der Gemeinde und im Matrikelbuch der Pfarrei lautet. Dabei standen die Worte „auf dem Transport vom Zuchthaus Straubing nach Dachau". Von einem Marsch war nicht die Rede. Im Matrikelbuch stand noch, „dass er unter großer Anteilnahme der Bevölkerung am 13.5.45" beerdigt wurde. Bisher konnte ich niemanden finden, der sich auch nur im Entferntesten daran erinnern konnte. Im 27. Sammelblatt „Hallbergmoos und der 2. Weltkrieg" schilderte ich das erste Mal diesen Toten, um ihm mit dem 36. Sammelblatt „Gegen das Vergessen" ein eigenes Dokument mit meinen Rechercheergebnissen (vgl. Kapitel 4.2) zu widmen. Beim Bemühen um Aufstellen eines Gedenksteins zu seiner Erinnerung und

Abbildung 32: Gedenkstein im Würmtal bei Starnberg

steten Mahnung stand der Gedenkstein aus dem Würmtal Pate, den Abbildung 32 zeigt und der mich immer wieder beeindruckt hat. Einen Antrag auf Finanzierung eines vorgeschlagenen ähnlichen Gedenksteins lehnte der Gemeinderat Hallbergmoos 2015 in zwei langen Diskussionen ab. Dabei wurde auch keine der diskutierten Alternativen umgesetzt. So setzte der Heimat- und Traditionsverein, dessen Vorsitz ich führe, in eigener Regie mit viel Eigeninitiative und einigen Spenden das Vorhaben Gedenkstein mit dazugehöriger Informationstafel mit einem Mitteleinsatz von etwas über € 2.000 um und ließ am 3. Mai 2016 den Gedenkstein ökumenisch weihen, siehe Abbildung 33.

Abbildung 33: Segnung des Gedenksteins in Hallbergmoos

In der Gemeinde Wang, in der sieben Häftlinge erschossen wurden, vergleiche Kapitel3, ergriff Heimatforscher Josef Schlecht die Initiative und veranstaltete am 28. Juni 2017 in der Pfarrkirche Sankt Laurentius einen ökumenischen Gottesdienst. Anschließend gedachte man an einem Holzkreuz der getöteten Häftlinge. Ziel ist es, das ursprüngliche Kreuz, das nach Kriegsende aufgestellt worden ist, wieder herstellen zu lassen und in einen Geschichtsweg zu integrieren.

In Bruckberg erinnert ein Kreuz an einen Toten (siehe Abbildung 34).

Abbildung 34: Gedenkkreuz in Bruckberg

6.3. Wie kann Erinnerungskultur aussehen?

Nach wie vor ist es in unserer heutigen Zeit schwierig, der Opfer der Todesmärsche angemessen zu gedenken. In vorbildlicher Weise haben dies die 26 Würmtalgemeinden mit der Aufstellung von 22 identischen Bronzedenkmälern des Künstlers Hubertus von Pilgrim getan, wozu noch vier weitere Denkmäler kommen. Mit den Würmtaler Gedenkmärschen leistet der Verein Gedenken im Würmtal e. V.

(www.gedenken-im-wuermtal.de) einen wichtigen Beitrag zur Erinnerungskultur und zum Gedenken an die zahllosen, häufig namenlosen Opfer.

Abbildung 35: Denkmal in Planegg bei Gedenkmarsch

Die Abbildung 35 zeigt Bürgermeister Heinrich Hofmann aus Planegg bei der Ansprache beim Gedenkmarsch im Jahr 2016 vor dem Denkmal. Vor dem Mikrofon ist der Organisator des Gedenkmarsches Dr. Friedrich Schreiber zu sehen.

7. Schreckensbilanz

Als traurige Schreckensbilanz bleibt festzuhalten, dass allein im Landkreis Freising insgesamt 81 Häftlinge während der Märsche getötet wurden und 53 nach den Märschen verstarben, also insgesamt 134 Häftlinge nachweislich durch die Todesmärsche ums Leben kamen. Die folgenden 134 toten Häftlinge waren während der Märsche ums Leben gekommen:

14 auf dem Friedhof Neustift (gem. Liste ITS getötete Häftlinge)

4 im Jahr 1955 umgebettete Häftlinge aus Inkofen

61 im Jahr 1958 umgebettete Häftlinge aus dem Landkreis zur KZ-Gedenkstätte Flossenbürg

1 in Rudlfing getöteter Häftling

1 in Freising erschossener Häftling

Nach den Märschen ums Leben gekommen:

43 im Hospital 1004 auf dem Domberg verstorbene Häftlinge aus Buchenwald (41) und dem Zuchthaus Straubing (2)

3 auf dem Kammermüllerhof verstorbene Häftlinge

3 in Moosburg verstorbene Häftlinge, davon zwei aus Buchenwald und einer aus dem Zuchthaus Straubing

2 in Tüntenhausen verhungerte Häftlinge aus Buchenwald

1 in Appercha ermorderter Häftling

1 in Hallbergmoos verstorbener Häftling, Albert Labro, aus dem Zuchthaus Straubing

Anmerken möchte ich, dass von den 81 während der Märsche ums Leben gekommenen Häftlingen keiner mit Namen in einem Sterbe- oder Matrikelbuch eingetragen war. Nur die nach den Märschen verstorbenen Häftlinge wurden in Sterbe- oder Matrikelbüchern eingetragen, wenn auch teilweise erheblich später, wie Ende des Jahres 1945 die auf dem Domberg verstorbenen Häftlinge. Sofort eingetragen wurden nur die beiden Häftlinge in Hallbergmoos und Apperca, die kurz nach dem Marsch verstorben waren.

Diese Sachverhalte lassen den Schluss zu, dass es eine erhebliche Dunkelziffer an Toten gegeben haben dürfte.

Dieses Buch soll dazu anregen, das Geschehene darzustellen und eine Erinnerungskultur ins Leben zu rufen. Beispiele dafür sind genügend vorhanden. Seien es die Stolpersteine, Mahnmale, wie im Würmtal Gedenktafeln oder Grabkreuze, mit denen die Ereignisse dargestellt werden, um damit zur ewigen Mahnung zu dienen, damit sich Derartiges nicht mehr wiederholt. Ein erster Anfang ist mit dem Grabstein in Tüntenhausen erfolgt, wo im Nachgang auch noch die Namen festgestellt werden konnten und sich nun auf dem Grabstein wiederfinden. In Hallbergmoos ist dies mit dem Gedenkstein samt Informationstafel 2016 erfolgt. In Bruckberg wurde ein schmiedeeisernes Grabkreuz aufgestellt, was auch in Wang geplant ist.

8. Namensverzeichnis zur Erinnerung an die getöteten, verhungerten oder an Erschöpfung und Krankheiten gestorbenen Häftlinge

Bei den Todesmärschen kamen im Landkreis Freising, einschließlich Bruckberg, nachweislich insgesamt 134 Häftlinge während und nach den Märschen ums Leben. Davon sind von 81 Häftlingen keine Namen bekannt. Sie ruhen auf dem Waldfriedhof der Stadt Dachau und in der KZ-Gedenkstätte Flossenbürg.

Es starben

81 unbekannte Tote der Todesmärsche aus den Konzentrationslagern

Ehemalige Häftlinge aus dem KZ Buchenwald:

verstorben in Tüntenhausen, am

29. April 1945, Sergej Petrow, geb. 18. November 1922 in Poljanowo, verhungert in Tüntenhausen, beerdigt am 3. Mai in Tüntenhausen

29. April 1945, Adolf Lodowki, geb. 18. April 1908 in Rebkow, verhungert in Tüntenhausen, beerdigt am 3. Mai in Tüntenhausen

verstorben in Appercha, am

28. April 1945, Madey Woyciech, Geburtsdatum und Wohnort unbekannt, in Appercha, kirchlich beerdigt am 30. April in Appercha

verstorben im Hospital 1004, Domberg 27, Freising, am

Die Namen stammen aus dem Sterbebuch der Stadt Freising, abgeglichen mit der Häftlingskartei der KZ-Gedenkstätte Buchenwald. Dazu liegt zu jedem verstorbenem Häftling die Karteikarte aus der KZ-Gedenkstätte Buchenwald vor.

3. Mai 1945, Hubert Mrosz, wohnhaft Leipzig, Kaiser-Wilhelm-Str 56

8. Mai 1945, Hans Kowalewski, Geburtsdatum unbekannt, wohnhaft in Berlin

9. Mai 1945, Salvatore Falchi, geb. 18. Dezember 1920 in Tovalla, Provinz Sassari, Wohnort unbekannt

10. Mai 1945, Stefan Jodlowski, geb. 9. März 1922 in Warschau, wohnhaft in Warschau

10. Mai 1945, Anton Karpierskow, geb. 25. Mai 1926 in Czernichow, wohnhaft in Czernikow/Russland

12. Mai 1945, Ferdinand Holub, geb. 7. August 1894 wohnhaft in Sokal/Polen

13. Mai 1945, Nikolaj Ilgrim, geb. 1922, wohnhaft in Saratow/Russland

13. Mai 1945, Gustave Seldrum, geb. 1902, wohnhaft in Brüssel, Rue Fernand Bernier

13. Mai 1945, Henri Mazza, geb. 13. Mai 1897 in Valdagno-Vicenza, wohnhaft in Paris

14. Mai 1945, Stefan Jurig, geb. 19. August 1898 in Tormosch, wohnhaft in Tormosch-Nitra/Jugoslawien

15. Mai 1945, Jakob Radoszek, geb. 30. März 1889, wohnhaft in Trzyny- Krakau

15. Mai 1945, Alexej Litwinenko, 39 Jahre 4 Monate alt wohnhaft in Stanislaw-Nikolajew/Russland

15. Mai 1945, Dobriwoi Lazarevic, 45 Jahre 4 Monate, wohnhaft in Kowin/Jugoslawien

16. Mai 1945, Dimitrij Bogowik, geb. 10. Juli 1907, wohnhaft in Tiberda/Russland

16. Mai 1945, Franzisek Cias, geb. 1895 in Zamose, wohnhaft in Zamose, Lublin/Polen

17. Mai 1945, Georges Francois, geb. 29. April 1906 in Rouen, wohnhaft in Rouen, Rue de Champ de Toires aux Boissons 37

17. Mai 1945, Louis Giordani, geb. 1907, Wohnort unbekannt

18. Mai 1945, Eugene Lutz, geb. 22. Juni 1916 in Lyon, wohnhaft in La Toret du Temple-Creuse

19. Mai 1945, Clement Beys, geb. 15. Mai 1920 in St. Nikolaus/Belgien, Wohnort unbekannt

19. Mai 1945, Nikolaj Tscherevano, geb. 1919, Geburts- und Wohnort unbekannt

19. Mai 1945, Louis Laucher, geb. 14. Dezember 1892 in St. Maixme-Eure et Loire, wohnhaft in St. Quentin, 2 Avenue Taid`Herbes

20. Mai 1945, Sergije Sadowi, geb. 5. Juli 1909 in Struczina, wohnhaft in Struczina-Kalinin

20. Mai 1945, Gregorij Zagaratnikow, geb. 5. Januar 1911 in Leningrad, wohnhaft in Leningrad

20. Mai 1945, Gerhard Rexroth, geb. 6. November 1920 in Brünn, wohnhaft in Erbachim/Odenwald

20. Mai 1945, Emile Lepetit, geb. 30. März 1898 in St. Etier, wohnhaft in Paris XIX

21. Mai 1945, Longin Filipek, geb. 9. September 1903 in Myschkow-Zawiercie, wohnhaft in Myschkow-Zawiercie

21. Mai 1945, Albert Vintrou, geb. 8. Oktober 1903 in Toulouse, wohnhaft in Toulouse, 6 Rue Traversiere Griffonboulet

22. Mai 1945, Paul Donaut, geb. 20. Dezember 1901 in St. Pere an Retz, wohnhaft in Nantes, 17 Rue Dantan

22. Mai 1945, Georg Piwarski, geb. 1. Mai 1895 in Towarischerow, wohnhaft in Towarischerow/Jugoslawien

22. Mai 1945, Rubens Brunet, geb. 30. Juni 1901 in La Motte-Bovrons, wohnhaft in Mieussy – Haute Lavoie

22. Mai 1945, Louis Lalieux, geb. 11. Dezember 1879 in St. Etienne, Wohnort nicht bekannt

23. Mai 1945, Casimir Valigura, geb. 1910, Wohnort unbekannt

25. Mai 1945, Albert Thomassey, geb. 2. März 1920 in Montbeliar, wohnhaft in St. Suzanne

27. Mai 1945, Theodore Fontaine, geb. 24. September 1894 in Sars Poterei, wohnhaft in St. Remy du Nord, Rue de Limont Fontaine

28. Mai 1945, Gustave Trioullier, geb. 27. September 1891 in Rochelle-Charente Maritime

30. Mai 1945, Iwan Zwanenko, geb. 1925 wohnhaft in Waschindinzi-Poltawa

30. Mai 1945, Hugo Redlich, geb. 5. April 1904, Geburtsort unbekannt, wohnhaft in Olmütz

31. Mai 1945, Johann Herych, geb. 29. Juni 1888 in Rauden-Rybnik, wohnhaft in Knurow-Rybnik

4. Juni 1945, Roman Oleyniczak, geb. 28. Februar 1900 in Lodz, wohnhaft in Warschau

14. Juli 1945, Waley Wlaslo, geb. 5. Dezember 1893 in Warschau, wohnhaft in Warschau

4. Juni 1945, Karl Plättner, geb. 3. Januar 1890 in Osterode, wohnhaft in Leipzig

verstorben in Moosburg, am

12. Mai 1945, Johannes Bathecki, geb. 20. Februar 1905 in Leipzig, wohnhaft in Leipzig, im Kreiskrankenhaus Moosburg

13. Mai 1945, Pierre Soldemi, geb. 30. Juni 1901, wohnhaft in Toulouse Rue Cotelui 31

Ehemalige Häftlinge aus dem Zuchthaus Straubing,

verstorben am

8. Mai 1945, Albert Labro, geb. 30. November 1890 in Mont Medy, Bürgermeister von Longwy, in Hallbergmoos, zuletzt Zuchthaus Straubing. Im November 1946 umgebettet nach Longwy

26. Mai 1945, Backhuysen-Schuld, geb. 26. Juni 1893 in Rotterdam, wohnhaft in Den Haag, 168 Hermannstraat, im Hospital 1004 auf dem Domberg 27, Freising, zuletzt Zuchthaus Straubing

26. Mai 1945, Alfred Ritter, geb. 1. August 1917 in Grimmitschau Sachsen, in Moosburg im Kreiskrankenhaus, zuletzt Zuchthaus Straubing

27. Mai 1945, Christian Pieron, geb. 15. August 1914 in Amsterdam, im Hospital 1004 auf dem Domberg 27, zuletzt Zuchthaus Straubing

9. Quellen und Literaturverzeichnis:

Homepages der

KZ-Gedenkstätte Buchenwald unter www.kz-gedenkstaette-buchenwald.de

KZ-Gedenkstätte Dachau unter www.kz-gedenkstaette-dachau.de

KZ-Gedenkstätte Hersbruck unter kz-hersbruck-info.de

Gedenkstätten im Würmtal unter www.gedenken-im-wuermtal.de

Sterbebücher von

Allershausen

Freising

Hallbergmoos

Moosburg

Tüntenhausen

Matrikelbücher von Appercha und Hallbergmoos

Unterlagen ITS Bad Arolsen

Online Archiv ITS Bad Arolsen

StaM, Staatsanwaltschaft bei dem Landgericht II, Signatur 34481

StaM, Staatsanwaltschaft bei dem Landgericht II, Signatur 34724

Publikationen

90-jähriges Gründungsfest Krieger- und Veteranenverein Hallbergmoos, Juli 1965

Chronik von Eching

Chronik von Mintraching zur 1200 Jahrfeier

21. Sammelblatt Historischer Verein Freising

36. Sammelblatt Hallbergmoos/Goldach, Gegen das Vergessen. Der Tod von Albert Labro am 8. Mai 1945 in Hallbergmoos, Mai 2015

SZ-Artikel, Eine Spur des Todes zieht sich durch den Landkreis Freising vom 27. April 1995

Magazin Fink, Die Todesmärsche durch den Landkreis Freising. April 2015

Freisinger Tagblatt, Appercha und die Todesmärsche, 2015

Richard J. Evans, Das Dritte Reich. Krieg, Deutscher Taschenbuchverlag München, 2010. ISBN 978-3-86331-416-3

Dr. Guido Hoyer, Verfolgung und Widerstand in der NS-Zeit. Gedenkorte im Landkreis Freising, 2015. ISBN 978-3-95697-997-2

Horst Möller, Volker Dahm und Hartmut Mehringer, Die tödliche Utopie, Bilder, Texte, Dokumente, Daten zum Dritten Reich, München 1999

Johann Neuhäusler, Wie war das im KZ Dachau? Ein Versuch der Wahrheit näher zu kommen, Verlag G. J. Manz, Dillingen/München, August 1963

Peter Pfister, Das Ende des Zweiten Weltkriegs im Erzbistum München und Freising. Die Kriegs- und Einmarschberichte im Archiv des Erzbistums München und Freising Teil I und Teil II, Schnell und Steiner, 2005

Martin Clemens Winter, Gewalt und Erinnerung im ländlichen Raum. Die deutsche Bevölkerung und die Todesmärsche, Metropol Verlag 2018. ISBN 978-3-86331-416-3

10.Abbildungsnachweis:

Titelseite: Karl-Heinz Zenker

Abbildung 1, Seite 10: Richard J. Evans, Das Dritte Reich, Krieg Seite 866

Abbildung 2, Seite 11: KZ-Gedenkstätte Flossenbürg

Abbildung 3, Seite 18: Sterbebucheintrag Appercha

Abbildung 4, Seite 20: Stanislaw Gwizda

Abbildung 5, Seite 22: Stanislaw Gwizda

Abbildung 6, Seite 46: ITS Bad Arolsen

Abbildung 7, Seite 51: Karl-Heinz Zenker

Abbildung 8, Seite 53: Karl-Heinz Zenker

Abbildung 9, Seite 65: Archiv Longwy

Abbildung 10, Seite 68: Archiv Longwy

Abbildung 11, Seite 69: Stiftung KZ Gedenkstätten

Abbildung 12, Seite 73: Stiftung KZ Gedenkstätten

Abbildung 13, Seite 74: Stiftung KZ Gedenkstätten

Abbildung 14, Seite 75: Stiftung KZ Gedenkstätten

Abbildung 15, Seite 76: Stiftung KZ Gedenkstätten

Abbildung 16, Seite 77: Stiftung KZ Gedenkstätten

Abbildung 17, Seite 78: Stiftung KZ Gedenkstätten